100位

为新中国成立作出突出贡献的英雄模范人物

郭俊卿

高　峰　王全有/编著

★

吉林出版集团 | 吉林文史出版社

图书在版编目（CIP）数据

郭俊卿 / 高峰、王全有编著. -- 长春：吉林文史出版社，
2011.4（2024.5重印）
（100位为新中国成立作出突出贡献的英雄模范人物）
ISBN 978-7-5472-0570-9

Ⅰ．①郭… Ⅱ．①高… ②王… Ⅲ．①郭俊卿（1930～1983）—
生平事迹 Ⅳ．①K825.2

中国版本图书馆CIP数据核字(2011)第051209号

郭俊卿

GUOJUNQING

编著/ 高峰 王全有

选题策划/ 王尔立　责任编辑/ 王尔立

装帧设计/ 韩璘

出版发行/ 吉林文史出版社

地址/ 长春市福祉大路5788号　邮编/ 130118

电话/ 0431-81629363　传真/ 0431-86037589

印刷/ 天津海德伟业印务有限公司

版次/ 2011年4月第1版 2024年5月第7次印刷

开本/ 640mm×920mm　1/16

印张/ 9　字数/ 100千

书号/ ISBN 978-7-5472-0570-9

定价/ 29.80元

100 位

为新中国成立作出突出贡献的英雄模范人物

八女投江	于化虎	小叶丹	马本斋	马立训	方志敏
毛泽民	毛泽覃	王尔琢	王尽美	王克勤	王若飞
邓 萍	邓中夏	邓恩铭	韦拔群	冯 平	卢德铭
叶 挺	叶成焕	左 权	诺尔曼·白求恩		任常伦
关向应	刘老庄连	刘伯坚	刘志丹	刘胡兰	吉鸿昌
向警予	寻淮洲	戎冠秀	朱 瑞	江上青	江竹筠
许继慎	阮啸仙	何叔衡	佟麟阁	吴运铎	吴焕先
张太雷	张自忠	张学良	张思德	旷继勋	李 白
李 林	李大钊	李公朴	李兆麟	李硕勋	杨 殷
杨子荣	杨开慧	杨虎城	杨靖宇	杨闇公	萧楚女
苏兆征	邹韬奋	陈延年	陈树湘	陈嘉庚	陈潭秋
冼星海	周文雍、陈铁军夫妇		周逸群	明德英	林祥谦
罗亦农	罗忠毅	罗炳辉	郑律成	恽代英	段德昌
贺 英	赵一曼	赵世炎	赵尚志	赵博生	赵登禹
闻一多	埃德加·斯诺		夏明翰	格里戈里·库里申科	
狼牙山五壮士		聂 耳	郭俊卿	钱壮飞	黄公略
彭 湃	彭雪枫	董存瑞	董振堂	谢子长	鲁 迅
蔡和森	戴安澜	瞿秋白			

前　言

　　每个人的心中都多少有一点英雄情结，都向往英雄、景仰英雄。也正因此，在中华人民共和国建国六十周年之际，由中央十一部委联合组织开展的"100位为新中国成立作出突出贡献的英雄模范人物和100位新中国成立以来感动中国人物"的评选活动中，群众参与投票总数近一亿。这其中的每一张选票，都表达了人们对英雄模范的崇敬之情，寄托着对伟大祖国的美好祝福。

　　一个民族不能没有英雄，否则这个民族就不会强大。当国家危难之时，懦弱者选择了逃避、妥协甚至投降，英雄们却挺身而出，用热血捍卫民族的尊严，人民的幸福。在创立和建设新中国的伟大历程中，涌现出无数可歌可泣的英雄模范人物。他们之中，有为了民族独立和人民解放而英勇牺牲的革命先烈，有为了党和人民的事业而不懈奋斗的优秀共产党员，有在全民族抗战中顽强奋战、为国捐躯的爱国将士，有英勇杀敌的战斗英雄和革命群众，有积极从事进步活动的著名民主爱国人士和国际友人……他们是民族的脊梁、祖国的骄傲，是激励全体人民团结奋斗的精神力量。

　　《100位为新中国成立作出突出贡献的英雄模范人物传记》丛书，就像一部星光璀璨的英雄谱，真实、完整地记录了英雄模范人物不平凡的一生，再现了他们非凡的人格魅力和精神世界。"头颅可断腹可剖"的铁血将军杨靖宇，"毫不利己，专门利人"的白求恩，"抗战军人之魂"张自忠，"砍头不要紧"的夏明翰，"俯首甘为孺子牛"的文化斗士鲁迅……一串串闪光的名字，一个个动人的故事，犹如群星闪烁，光耀中华。

　　如今，战火已熄，硝烟已散，英雄已逝，我们沐浴在和平的幸福之中。在和平年代，人们不会忘记为今日的和平浴血奋战的英雄们，英雄的故事永远不会结束。让我们用英雄的故事唤醒我们心中的激情，为中华民族的伟大复兴而奋斗。

生平简介

郭俊卿（1930-1983），女，汉族，辽宁省凌源县人，中共党员。

郭俊卿出生在一个贫苦农民家庭。1945年，为了给被地主恶霸杀害的父亲报仇，她隐瞒自己的真实性别，将自己年龄报大一岁，用假名郭富参军。1947年6月加入中国共产党。先后当过通讯员、警卫员、班长、文书和副指导员。在艰苦的战争岁月，她女扮男装五年之久，和男同志一样，冲锋陷阵，鏖战疆场，被誉为"现代花木兰"。她工作积极，作战勇敢。一次，首长让她四小时之内，将命令送到30公里外的部队。天黑路险，她骑马在大山沟里奔驰，提前完成任务。在返回的路上，马已累死，她背着马鞍，走了三四公里路回到驻地。1948年初，她调到战斗班任班长。不久，平泉战斗打响。她带领突击班，担负夺取城东第二道山梁的重任。她带头冲锋，夺取了山梁。敌人发起反冲锋，她又带领战友同敌人展开白刃格斗，最终取得战斗的胜利。她因为战斗勇敢立了功。1950年4月，劳累过度的郭俊卿生病住进医院，被医生发现了女儿身。同年9月，她作为特等女战斗英雄，出席了全国战斗英雄代表大会。后来，转业到地方工作，先后担任过山东省青岛第一服装厂厂长、山东省曹县民政局副局长等职。1981年离休。1983年9月病逝于南京。

1930-1983

[GUOJUNQING]

◀ 郭俊卿

目 录 MULU

再唱一曲"市兰歌"（代序）

    提起郭俊卿这个名字，现在的许多人或许感到陌生，但在50岁以上人们的脑海中，却有着清晰的记忆。特别是在她名字前冠上"现代花木兰"的称谓后，不了解的人实在是不多。这位曾经名满天下、声贯神州的巾帼英雄，给了人们太多太多的感动。她的事迹，让一代代人铭记。

    提起花木兰，可以说家喻户晓、世人皆知。初中课本中就收录了歌颂其事迹的《木兰诗》。这首长篇叙事诗描述了女英雄花木兰替父从军的故事，刻画了木兰这一巾帼英雄的生动形象和高贵品质。其明朗生动，质朴刚健，独具北方民歌的特色和朗朗上口的韵律，让后世的人们脱口就可以吟出：

    唧唧复唧唧，木兰当户织。不闻机杼声，惟闻女叹息。

    问女何所思，问女何所忆。女亦无所思，女亦无所忆。昨夜见军帖，可汗大点兵。军书十二卷，卷卷有爷名。阿爷无大儿，木兰无长兄。愿为市鞍马，从此替爷征。

    东市买骏马，西市买鞍鞯，南市买辔头，北市买长鞭。旦辞爷娘去，暮宿黄河边。不闻爷娘唤女声，但闻黄河流水鸣溅溅。旦辞黄河去，暮至黑山头。不闻爷娘唤女声，但闻燕山胡骑鸣啾啾。

    万里赴戎机，关山度若飞。朔气传金柝，寒光照铁衣。将军百战死，壮士十年归。

    归来见天子，天子坐明堂。策勋十二转，赏赐百千强。可汗问所欲，木兰不用尚书郎，愿驰千里足，送儿还故乡。

爷娘闻女来，出郭相扶将，阿姊闻妹来，当户理红妆，小弟闻姊来，磨刀霍霍向猪羊。开我东阁门，坐我西阁床；脱我战时袍，着我旧时裳，当窗理云鬓，对镜贴花黄。出门看伙伴，伙伴皆惊忙：同行十二年，不知木兰是女郎。

雄兔脚扑朔，雌兔眼迷离；双兔傍地走，安能辨我是雄雌？

此后，记载其人、详述其事、颂扬其功、歌咏其德的名篇佳作不胜枚举。近代，也有许多歌颂花木兰替父从军形式多样的作品。

花木兰替父从军的故事蜚声中外，千古流传。但是，"现代花木兰"郭俊卿的故事对年轻人来说却越来越陌生了。其实，这个"现代花木兰"的现实传奇，一点儿也不输于那个原版花木兰：她15岁就隐瞒性别女扮男装参了军，从1945年到1950年的五年时间里，她和男同志一样冲锋陷阵，鏖战疆场，曾荣立模范功一次、大功一次、小功四次，获模范奖章一枚、勇敢奖章一枚、毛泽东奖章一枚。这位传奇式的女英雄以自己平凡而伟大的事迹创造了一个又一个奇迹，在现代重新唱响了"木兰歌"。这歌声，比古时的更雄浑，更激昂，更振聋发聩。

1950年，新连出版社出版了连环画《特等战斗英雄——女英模郭俊卿》；1959年，著名作家陆柱国以郭俊卿为原形完成了著名小说《踏平东海万顷浪》；60年代，由小说改编的优秀影片《战火中的青春》上演，主人公高山的故事其实就是郭俊卿的真实经历。各种媒体以各种不同的方式一次又一次唱响新版"木兰歌"。"现代军中花木兰"女扮男装从军杀敌的故事家喻户晓，成为街谈巷议的焦点。今天，笔者再次整理材料，补充完善，形成此书，希望与读者共同分享郭俊卿的英雄事迹，在改革开放的大潮中再高歌一曲"木兰歌"……

苦难童年

（1930—1944）

→ 生女与男同

★★★★★

（0-6岁）

　　在辽宁西部，有一座古老而年轻的城市，说她古老，因为她拥有三千多年的历史，著名的牛河梁红山文化遗址就在这里发现。说她年轻，因为其县名始于民国三年(1914 年)，取其大凌河源头之意，曰之凌源。这里虽然只是一座县城，但地理位置却相当重要。它南临河北省，北接内蒙古自治区，地处京、津、唐和东北城市群中间，是辽冀蒙三省(区)七县(市)的交汇处，也是东北通往关内的咽喉要道。这里不仅是历代兵家必争之地，更是东北抗战时期我党领导的关外重要的根据地。

1930年6月的一个夜晚，正是初夏时节，在这座历史悠久、交通重要的城镇近郊的三十家子北店村，一个叫郭建成的贫苦农民家里，一位孕妇临盆待产，这是郭

△ 郭俊卿出生地凌源发现的牛河梁红山文化遗址

建成的第一个孩子，此时，他忘记了一天劳作带来的所有疲惫，紧张地攥着双手，在院子里来回踱着步。他的心随着屋内的呻吟和喊叫声一阵阵地提起放下，又提起又放下。他实际上比临产的妻子更紧张，更受煎熬。此时，他只有一个心愿，就是盼望着媳妇平安地给他生一个大胖小子。

"头一胎不好生啊！"

"看样子像个男孩。"

"我接生过这么多，根据经验看，像男娃，将来肯定有出息。"

听了这些话，即将成为人父的郭建成心情似乎放松了一点儿。但是，迟迟不愿意来到这个世界上的小生命好像故意与他焦急的父亲做对一样，屋外的他越是着急，屋里的生产就越发不顺利。那一刻，他真是有劲儿使不出，有力帮不上，只是一个劲儿地紧张和着急，紧攥着的手心里全都是汗。

中国农村传统的观念和残酷的生活现实，使他和大多数农民兄弟一样，希望乡亲们说的能成为事实。养儿能传宗接代，养儿能防老，养儿能帮着家里干活，养儿能对得起父母和列祖列宗，养儿在乡村邻里间也能挺起腰杆儿。

总之，养儿的好处千千万万，这种根深蒂固的意识深深地扎在了中国农民的心中，郭建成也不例外。

"哇——"随着一声惊哭，一个新的生命坠地了。人们的预测没有应验，郭建成的心愿没能实现——生的是个"千金"。

女儿的到来，没能给老郭带来太大的喜悦，反而有几分失望。他站在炕边，看着躺在炕上的母女，特别是那个让他寄予无限希望的小生命，百感交集，欲言又止，他不知是该享受初为人父的快乐，还是该承受没生儿子的痛苦。生活所迫使他对这个孩子寄予厚望，但希望越大，失望也越大，他摇了摇头，转身向外走去，甚至也没有安慰刚刚遭受过阵痛的妻子。

还没走出屋门，又是一阵啼哭，郭建成再次将眼神注视在女儿身上，看着看着，那圆圆的小脸和呱呱的哭声，还是让他的心中徒增了几分疼爱。虽然女孩子并不可他的心，但毕竟是自己的骨肉，那种初为人父的责任和兴奋还是有的。妻子与他的心情是完全不同的，看着自己身上掉下来的肉，刚从阵痛中解脱下来的她，脸上充满了幸福的喜悦，这是成为母亲后的喜悦，是别人无法体味和无法感受的喜悦，她抚摸着女儿稚嫩的小手和小脸，眼中流出了喜悦的泪花。这两位初为人父母的夫妻无论如何也不会想到，就是这位众人都寄予无限希望的女孩子，正是这个父母都认为应该是个男孩子的"千金"，不但在日后的生活中，帮他们分担了家里生活的许多重担，而且创造了女扮男装的传奇，在血与火的疆场上征战多年，立下了赫赫战功，成为了巾帼不让须眉的"军中花木兰"。

那个时代，农家的女孩子，一般生下来只起个小名，许多人是没有大名的。郭建成的这个女儿直到6岁，母亲才特意请来本村一位识文断字的教书先生为她起下了一个充满企盼的大名——郭俊卿。"俊"当然是俊俏了，"卿"是古代高级官名，如三公九卿。意思是希望她长得美丽，将来有出息。那位教书先生做梦也不会想到，他起的这个名字后来竟成为一个家喻户晓、世人皆知的名号，甚至印到了连环画中，写进了小说里，搬到了银幕上……

郭俊卿出生时，家里只有三亩瘠薄的河滩地，遇到灾年，水冲、沙压收成更少，全家过着半年糠菜半年粮的生活，两间破烂的茅草屋用以栖身，生活极其艰苦。郭俊卿的父母由于终年劳累，疾病缠身。作为郭家的老大，父亲把全部的希望都寄托在郭俊卿身上，母亲则更是怀有一种强烈的愿望，盼望她能快点长大，支撑门户。郭俊卿不负父母的重望，四五岁已经能独当一面，承担家务和一些农活了，弟弟更是全靠郭俊卿照顾。爸爸看在眼里，喜在心上，尽管当初女儿的出生没有满足他得儿子的心愿，但是如今她真像男孩子一样挑起了家中生活的担子。

郭俊卿从小没怎么上过学，但却知书达礼，做事也很周到。她非常崇尚古代英雄，那些在村口地头听来的、人们口口相传的历史英雄的故事，深深打动着她幼小的心灵。精忠报国的岳飞、卫国戍疆的杨家将、杀富济贫的梁山好汉，无不在她的心里打上了深深的烙印，这种英雄情愫伴随了她的一生。每天晚上，忙完了农活和家务，她就缠着妈妈给她讲故事。其实，一位质朴的农村妇女，哪有更多的故事可讲，但是即使是讲过几十次的老故事，她还是愿意听。有一次，妈妈再次给她讲起了花木兰女扮男装替父从军的故事，她眯着两只小眼睛，听得可入神了。"万里赴戎机，关山度若飞。朔气传金柝，寒光照铁衣。将军百战死，壮士十年归。"这种豪爽的气魄和壮阔的情怀令小俊卿激动不已。讲完后，她天真地对妈妈说："妈，长大了我也要去当花木兰。"女儿的话引起了妈妈的一阵苦笑，但在郭俊卿那里，木兰的形象已经深深地留在了她的记忆中。母亲哪能想到，郭俊卿后来真的如花木兰般女扮男装走进军队，而且一干就是五年，比好多男孩子更能吃苦，更能打仗，克服了难以想象的困难，经受了战火的锻炼和考验，从一名普通战士、通讯员成长为班长、连支部书记，甚至师司令部政治指导员，荣立模范功一次、大功一次、小功四次，被中央军委授予"全国女战斗英雄"、"现代花木兰"等称号，荣获模范奖章一枚、勇敢奖章一枚、毛泽东奖章一枚。甚至走进北京，受到毛主席、党和国家领导人的亲切接见。

➡ 洗却铅粉妆

★★★★★

（7—14 岁）

历史总会有某种巧合，而巧合中似乎又有些无法说明的联系。

1937 年夏天，中国历史上发生了一件震惊世界的大事，日本侵略者在北京卢沟桥发动了七七事变，全面侵华战争开始，中华民族的巨大灾难从天而降。

同样是 1937 年夏天，郭俊卿的

家乡也发生了巨大的灾难——三天三夜的连绵大雨使得洪水泛滥，汹涌的洪魔卷着沙石吞噬了半个北店村。郭俊卿家仅有的两间茅草房和一家四口赖以生存的三亩河滩地全部淹没在一片汪洋之中。滚滚的洪水把全村人全都赶到了山梁上。云开水落之后，两间茅屋被大雨洪水所破，三亩滩地上满目狼藉。

△ 图为驻守北平宛平城的中国军队奔赴卢沟桥抵抗日军

站在已经化为断壁残垣的破屋前，父亲欲哭无泪。他回头看着妻儿老小，不知道怎么样安慰他们，更不知道下面的日子该怎么过。凄惨的情景，衣食无着，难以度日，怎么办呢？面对残酷的现实，活下去是最重要的，故土无计生存，只有另求出路了。父亲狠了狠心作出了最后的抉择：离开这片祖辈赖以生存的土地，出去寻求活路。

　　那天，全家人眼含热泪告别了父老乡亲，依依不舍地踏上了背井离乡的路。方向没有，目标也没有，在痛苦与无奈的煎熬中，父亲只得带着全家往地广人稀的内蒙古腹地前行。经过一个月的辗转，一家人风餐露宿，最后落户在内蒙古巴林草原东部的草帽山。

　　林东，这确实是个好地方，草场辽阔，土地肥沃。然而，肥沃的土地没有她家一垄，辽阔的草场没有她家一块。人生地不熟，父亲只好找到当地地主翁德臣，翁德臣以借给他们两间房子为条件，迫使郭俊卿一家为其卖命。为了生存，父亲拖着多病的身子为地主扛活，母亲干杂活，7岁的小俊卿与年幼的弟弟给地主放猪。夏天，烈日炎炎，烤得大地发烫，姐弟俩赤着半截身子，冒着酷热，在荒郊野外随猪羊奔走，身上晒得脱了皮；冬天，北风呼啸，她们穿着破烂不堪的棉衣，出没在风雪里，手和脚冻裂了许多口子。

在日子极为窘迫的时候，小妹妹降临到人世间，为这个贫苦的家庭又增加了一层负担。为了生活下去，全家人只有拼命地干活儿。小俊卿很懂事，想方设法减轻父母的负担。她除了每天做好放猪、打扫等地主家的活计外，更是承担了自己家的全部家务和照看弟弟、妹妹的工作，这种与她年龄极不相称的生活重担压在了年仅7岁的瘦弱的身躯上，让她有些喘不过气来。但是，她从不说苦，也不说累，每天无声无息地忙碌着，不到熄灯睡觉的时候，看不到她有一刻的清闲。有时，妈妈看到本该在她身边撒娇的女儿如此辛苦时，不免有几分伤心。每到这时，小俊卿反而安慰母亲，并装出一点儿也不累的样子，默默地分担着父母生活的压力，承受着难以承受的劳作。

1944年，正是日本侵略者最疯狂的时候，整个中华民族处在水深火热之中。对于郭俊卿一家，天大的不幸正向她们袭来……

那年冬天特别冷，狂风夹着暴雪疯狂地吞噬着林东的河流山川、草原村落。又是一个风雪交加的傍晚，地主翁德臣硬逼着郭俊卿父亲去井台上打水。父亲砍了一天的柴，身体疲劳，加之雪天井台滑，一桶水还没打上来，父亲就跌倒在井台上，晕了过去。等到人们发现以后，郭俊卿父亲的身上已经落满了厚厚的一层雪，左眼摔得什么也看不见了。

父亲打水摔得那么重，本应该很好地休息一下，但是，狠心的地主没过两天就又逼着父亲去上山刨柴。于是，郭俊卿父亲忍着气，又扛着镐头上山去了。由于情绪不好，身体虚弱，加上一只眼睛什么也看不见，脚下一滑，就从一条沟沿上滚到沟底，摔得昏了过去。晚饭的时候，郭俊卿和母亲不见父亲回来，就到山上去呼喊寻找。娘俩走了三条山沟也没找到。最后，在第四条沟沟底的雪里找到了父亲。此时，他的手脚都已冻僵，只有心口还在微微地跳动。在乡亲们的帮助下，父亲被抬回了家。小俊卿和妈妈守在父亲的身边，一直到第二天早晨。清晨，父亲从昏迷中苏醒了，全家人终于松了一口气。可是，谁也没有想到，有气无力的父亲，一面呼唤妻儿，手却胡乱地摸索。他眼前一片漆黑，什么也看不见了，他竭力呼喊着，手脚不停地拍打着土炕。然而，一切都是徒劳的，父亲失明了，一家人惊呆了。这场突如其来的灾难，再次像大山一样压在了这个已经不堪重负的家庭身上。狠心的地主见郭俊卿父亲没有油水可榨了，于是就解雇了郭俊卿全家，并在当天把他们赶出了大门。父亲又气又急又恨，加上饥饿，病情加重，不到三天就离开了人世。面对父亲的遗体，郭俊卿哭成了泪人。好心邻居叔叔大爷们用两块笆片把父亲的遗体抬出安葬了。

穷人的孩子早当家。1944 年父亲过世的时候，郭俊卿才 14 岁，养家糊口的担子自然地落在了她的身上。为了挨过寒冷的冬天，她变卖几乎所有的家当换回了二斗谷子和一条破皮裤。春天来了，她剪短了头发，把自己打扮成一个男孩子模样，到外面去给别人做小工，当泥瓦匠。为了全家的生存，她宁愿多吃苦，多流汗，然而，家里还是吃了上顿没有下顿。所谓"祸不单行"，3岁的小妹妹不久也因病饿夭亡。

面对接二连三的灾难，郭俊卿紧咬牙关，没有流一滴眼泪，心里默默地承受着。她无奈地带着全家老小继续流浪。没有饭吃，他们就沿街乞讨；没有住处，他们就在人家的柴草堆里过夜。几经辗转，颠沛流离，全家老小一路讨饭、一路打工，来到了北依大兴安岭的林西县城。

到了县城之后，郭俊卿一面找活儿干，一面打听早先逃荒到此的叔叔。叔叔并不知道郭俊卿一家遭受了这样大的灾难，也不知道她们会找到这里。听了侄女的叙述，叔叔十分悲痛。尽管他自己家的生活十分艰难，但还是想方设法接济嫂侄一家。在叔叔的帮助下，郭俊卿一家以卖烧饼为业开始了新的生活。自此，流浪的生活结束了，尽管生活还是那样清贫，但是总算勉强安顿了下来。

　　苦难的生活使郭俊卿幼小的心灵受尽了百般蹂躏，但也促使了她的觉悟。父亲的惨死，妹妹的夭折，逃荒要饭，挨饿受冻，重重磨难使郭俊卿迅速成长起来，对社会的强烈不满和对阶级的认识也使她的觉悟逐步提高。

戎马生涯

(1945-1948)

→ 驰马赴军幕

（15-16 岁）

1945 年 8 月，全世界人民欢腾庆祝，随着日本帝国主义无条件投降，中华民族长达 14 年的抗日战争取得了最后的胜利，世界反法西斯战争也赢得了最后的胜利。

历史的巧合与人物的发展是否有着必然的联系，这一点虽然无从考证，但是郭俊卿的人生轨迹却与中国人民的抗日战争出现了时间上的多种巧合。

1931 年，日本发动九·一八事变，

侵略中国东北，中国局部抗战开始，这一年，刚刚出世不久的郭俊卿就在多灾多难的东北；1937年，日本发动"卢沟桥事变"，全面抗战爆发，这一年，郭俊卿背井离乡，去内蒙古寻求生存；1944年，抗日战争进入到最艰苦的阶段，郭俊卿父亲去世，她从此把自己打扮成男孩子模样，支撑起整个家庭；1945年，抗战胜利，郭俊卿又完成了她生命历程中最重要的一件大事——她女扮男装，加入到了革命军队的行列，光荣地成为了人民子弟兵中的一员。

1945年8月的一天，苏联红军浩浩荡荡地开进了林西县城，日本鬼子和伪警察闻风而逃。郭俊卿以好奇的心情和许许多多人一起走出家门迎接苏联红军的到来。突然，她发现队伍中有几名女兵，英姿飒爽，威风凛凛，感到既惊讶又兴奋，心里油然升起一股羡慕之情。激动之余，在她潜意识里已经萌发了想当兵的冲动："女的也能当兵，我要当兵给我死去的爹爹报仇雪恨。"

当时，我党抗日武装力量还没有开进林西县城。伪满汉奸为了搞政治投机，就以八路军的名义在城里设置了四个招兵处，企图扩充力量，待日后卷土重来。参军打仗，为父亲报仇，这是郭俊卿梦寐以求的事情。所以，她背着母亲，只身来到招兵处，高高兴兴地报了名。想到自己马上就要拿起枪为父亲报仇了，郭俊卿高兴得一连几天吃不好饭，睡不好觉。几天后，真正的八路军队伍开进了林西县城，伪满警察们的阴谋破产，一个个夹着尾巴连夜逃跑了。郭俊卿这才知道上当受骗了。本来诚心诚意去报名参军，没想到竟遭到坏人的欺骗，郭俊卿心里感到非常气愤。然而，第一次报名的挫折并没有熄灭她参军的火焰。对地主的恨，对汉奸的怨，这种朴素的感情促使她更加坚定了参军的决心。

在八路军开进林西城的第三天清晨，起床号刚刚吹过，郭俊卿就来到了八路军部队营房。之前，郭俊卿几经打听，知道这支部队里不要女兵。于是，她把自己打扮成了一个男孩子的模样，还把名字改为郭富，来到这里报名参军。

见到了首长，郭俊卿没有丝毫的胆怯，她恳切地说明了自己坚决要当兵的愿望。郭俊卿说话声音比较粗，像个男孩子，女扮男装这一点，首长愣是没有察觉。可能是因为当年给人打小工时就有过装扮的经验，所以不容易被发现。当首长问她的年龄时，她壮大了胆子，多报了一岁，没想到即使是16岁也还是不够参军的年龄。小小的年纪，又加上她面黄肌瘦，身材矮小，首长拒绝了她的请求。这可急坏了郭俊卿。她声泪俱下地向首长诉说了父亲和小妹的不幸遭遇，诉说了全家人所遭受的磨难，表明了自己参军的坚定决心。血泪的控诉，部队首长虽然深为同情，但考虑到她的年龄尚小还是没有同意。最后经郭俊卿死说活说、软磨硬泡，首长在无奈之下只得答应"研究研究"。

七八天的时间过去了，听说部队即将向林东进发。然而，郭俊卿却始终没有听到"研究"的结果。于是，她再次来到部队请求参军，但首长"研究"的结果却是建议她好好锻炼自己，迅速成长，等到年龄符合要求了再参加革命也不迟。

参军的请求被拒绝了，怎么办呢？

铁了心要当兵的郭俊卿冥思苦想，也没有想出个好办法，眼看部队就要开拔了，如不抓紧机会，恐怕参军的愿望就要成为泡影。没有时间让她认真思考了，既然非要当兵不可，我就跟着部队走。郭俊卿为自己最终有了这样的一个好办法

△ 14岁的少女郭俊卿女扮男装参加八路军（漫画）

而高兴。"等部队出发，悄悄地尾随着部队，待走了一程再向首长请求，不管怎么样，首长总不能把我撵回来吧，就这么办。"

主意已定，她把自己的想法告诉了母亲，但是母亲说什么也不同意，她不想让女儿离开自己，离开这个家。母亲说破了嘴皮，也没有说动女儿。天下最了解女儿的莫过于母亲，她知道倔强的女儿既然拿定了主意，是十头牛也拉不回来的。母亲含着泪花给她打点行装，同时也祈盼着部队不收留她，能让她再回到自己的身旁。

那几天，郭俊卿天天注意部队的动向。部队出发了，她含着热泪告别了母亲和弟弟，一路尾随部队，步行了四百余里，来到了林东。部队首长得知郭俊卿一直跟着部队走了这么远的路，深为这个英俊少年刚毅坚强的性格所打动，于是，破格批准了她参军的要求，安排她到通讯班当通讯员。梦寐以求的参军打仗替父报仇的愿望终于变成了现实，郭俊卿的心里别提有多高兴了。她穿上又肥又大的军装，握着比她高出一大截的钢枪，泪水不禁夺眶而出。她向首长坚定地表示："一定要紧握手中钢枪，为父亲报仇、报仇……"就这样，童音未变的郭俊卿，女扮男装，投身革命，开始了她的戎马生涯。从此，一个贫苦的孩子，成为了一名光荣的革命战士，她生命历程掀开了崭新的一页。

→ 秣马备戎行

★★★★★

（16岁）

郭俊卿刚到部队时，由于她年龄较小，个子比男同志要矮一些，加上本身女性的阴柔之气，显得不那么刚强勇猛，不像个敢打敢拼的战士，战友们总是有点儿看不上她。郭俊卿自己心里也明白这一点，但她不服输的性格使她坚定地告诉自己：一定要在部队里混出个样来，一定要做最好的!

作为女性，她有她自己的优点和长处，心思细密，心灵手巧。一般男同志容易忽略的细节，她总是看在眼里，记在心上。她发觉大家晚上取暖用的火盆在后半夜大家都熟睡后就没人管了，有时火会自动熄灭，有时弄不好柴火、木头烧不着却反而起烟，门窗紧闭很容易出事。所以，她经常后半夜起来到各屋帮同志们检查一下火盆是否安全，有时还给添点儿火，免得同志们被冻醒。

所谓"小心使得万年船"，有一次还真被郭俊卿化解了一次险情。一天深夜，郭俊卿照例起床去帮各屋的同志们添火。当她走到二班住的破茅屋外时，发现一股浓烟从门缝里往外窜，空气中还有一股烧焦的味道，她马上意识到情况不妙，急忙推门进屋，呼喊同志们起来，点灯检查什么地方起火了。仔细一看才发现，原来是一位同志的鞋子掉进了火盆里，盖住了火，浓烟直往外冒。她提起一壶水浇进火盆，才避免了一次事故。当大家都重新睡下后，郭俊卿又拿起了那位同志被烧得"尸首不全"的鞋子细心地缝补起来。她知道现在部队供给困难,今天要是补不好,明天这位同志就要光着脚去打仗了。当那位同志拿到郭俊卿精心缝补的鞋子时,激动得不知说什么才好,其他同志也开始对郭俊卿肃然起敬,不敢再小看她了。

没进部队前,郭俊卿剪的是齐耳短发,虽然基本上就是男孩子的头型,但也保留了些女性的特征。进入部队后,她才发现,为了更清爽方便,部队里的男同志大部分都剪了"小平头"。为了更好地掩饰自己的女性特征,更重要的是想尽快和同志们保持一致、打成一片,郭俊卿几经思量之后毅然决定把头发进一步剪短。那是一个无风无月的夜晚,她一个人独坐在镜前,抚摸着自己的头发,那种少女的情怀萦绕心头。此时,郭俊卿正值豆蔻年华,如果是现在的女孩子正是对镜梳妆、展现"美"的时候,可是我们这位巾帼英雄却要为了国家为了革命剪短自己的头发,冲锋陷阵,抛头洒血。她毅然地拿起剪刀,剪断了自己的头发,而随着一根根青丝的落地,郭俊卿为父报仇、报效国家、上阵杀敌的信念更加坚定了。

为父亲报仇是郭俊卿执意要参军的目的所在。在她刚穿上军装的日子里，不论是遇见首长还是战士，她逢人就讲父亲的遭遇，念念不忘的是给父亲报仇，激愤之余，有时还会流出眼泪。她嘴里讲的是家仇，心里想的是家仇，她发誓要报的还是家仇。针对郭俊卿和其他一些战士头脑中存在的这种个人复仇主义的思想，部队广泛开展了诉苦教育运动，使像郭俊卿这样的人朴素的阶级感情升华到了一个新的高度。在诉苦教育运动中，许多战士讲述了入伍前遭受的苦难，通过诉苦，郭俊卿懂得了受苦受难的不单单是她一个，要报的仇也不单单是她这一桩，遭受压迫的不单单是她一家，天底下所有的贫苦人民家家都有一本血泪账。要翻身要解放是全体人民大众的事情，只有彻底推翻三座大山，打倒国民党反动派，真正报了国仇，自己的家仇才能报。她深深地懂得了革命战士肩负的责任，明白了扛枪打仗究竟是为了什么，她把个人的仇恨化作阶级仇恨，在革命队伍中不断成长进步。

为什么当兵和为谁当兵的思想问题解决了，阶级觉悟也提高了，郭俊卿又以顽强的意志参加军事训练，提高自己的实战水平。她深知自己要想做一名合格的好战士，必须有过硬的军事技能。而真正要使同志们不小看自己，光靠细心地帮同志们解决生活上的问题是不够的，更重要的是得有一身让同志们佩服的本事。因此，从进入部队的那天起，郭俊卿就苦练军事基本功。

当好骑兵通讯员必须得有一套高超的骑马技术。郭俊卿虽然曾在内蒙古草原生活过，然而，参军前家里连根马毛都没有，更别提骑马了。而对于女孩子来讲，练习骑马要比男同志困难得多。可是，郭俊卿怀着一颗报效祖国的赤子之心，困难再大也难不倒她。清晨，当巴林草原还在沉睡中，郭俊卿已经扬鞭在广阔的草原上练习骑术了。当时，分配给她的是一匹刚烈的黄骠马，它桀骜不驯，人只要一接触它，它便仰天长啸，给人一个下马威。但郭俊卿的性格似乎更刚烈，她不服输的劲头使她没少吃苦头。那剽悍的骏马很气人，刚骑到马背上，

它就仰天长嘶，又蹦又跳，郭俊卿往往
是在马背上颠起老高后实实着着地摔在
草地上。一次、两次、三次……有时摔
得两眼直冒金星，但她却毫不在意。就
是在这种反复而艰苦的练习中，她被摔
成了脑震荡，留下了头疼的后遗症。然而，
也正是在这种反复而艰苦的练习中，郭
俊卿也成了部队骑术最好的骑手，任何
难驯的骏马总能被她驯服，而优秀的骑
术更使她成为一名出色的骑兵通讯员。

在抓紧自己单独训练的同时，她还
积极参加集体训练。别看郭俊卿是位女
同志，身体单薄，个子也不高，但是练
投弹、练射击，每个项目她都不甘落后。
跳木马，这是一项最基本的训练。但是，
对于身为女儿身的郭俊卿，跳跃过去却
不是一件容易的事。跳不过去就反复弹
跳，刻苦练习。人家都休息了，郭俊卿
仍在练习，有时马夫叫她回去吃饭，她

坚决不回去，直到跳过去才回去。不知道吃了多少辛苦，不知道摔了多少跟头，她就是这样坚持着，不停地训练着。别人休息的时候她在练，别人吃饭的时候她还在练。一次次，一天天，就这样，郭俊卿克服了一个又一个困难，闯过了训练关。由于她训练刻苦，军事科目测验成绩都在 90 分以上，被评为训练标兵。

➜ 死战誓不渝

★★★★★

（16 岁）

1946 年 6 月 26 日，国民党撕毁国共停战协定，派 22 万军队进攻中

△ 解放军数百门大炮向锦州守敌实施轰击

原解放区，全面内战爆发。其后，国民党军在晋南、苏北、鲁西南、胶东、冀东、绥东、察南、热河、辽南等地，向解放区展开大规模进攻，气焰嚣张，不可一世。面对国民党军队气势汹汹的全面进攻，党领导解放区军民沉着应战。在政治上，放手发动群众，团结一切可能团结的力量，建立最广泛的人民民主统一战线。在军事上，坚持集中优势兵力，各个歼灭敌人的作战原则。郭俊卿部队所在地，正是国民党发动大举进攻的

重点区域之一。为粉碎国民党的猖狂进
攻，中共中央东北局和东北民主联军总
部，全面贯彻落实党中央关于建立巩固
的东北根据地的指示，全力投入到与国
民党军队的反复争夺之中，不断粉碎国

△ 郭俊卿加入了中国共产党（漫画）

民党军的进攻，战火越燃越旺。在战火硝烟的严峻考验面前，郭俊卿冲锋在前，勇敢地冲杀在第一线。为了表达她对党的一片赤诚之心，她在火线上递交了入党申请书。1946 年 9 月 20 日，是郭俊卿一生中最重要的一天，在首长李平（又名马兆杰）的介绍下，16 周岁的郭俊卿光荣地加入了中国共产党。在党旗下握紧拳头宣誓的那一刻，她更坚定了共产主义信念。这天晚上，郭俊卿失眠了。她想到自己苦难的童年，想到父亲死去时的痛苦情景，想到在部队里首长和同志们对她的亲切关怀，想到自己的不断进步……激动的心情使她再也躺不住了。她穿好衣服，点亮马灯，伏在案上，一笔一画地向党写下了决心书，"……为人民服务到底，不怕流血牺牲，完成党给的任务，争取团结立功"。大战在即，她勇敢地走向战斗的第一线，以死战誓不渝的精神，把自己的一切交给党和人民，这就是郭俊卿，这就是一个赤子的心灵写照。她是这样写的，她的一生也是这样做的。

➔ 朔风裂人肤

★★★★★

（16岁）

战争是极其残酷的，每个战士都经受着这种严酷的考验。

1946年冬天的一个夜晚，北风呼啸，鹅毛大雪纷纷扬扬地下个不停，整个草原都是白茫茫、冷飕飕的，雪花打在窗户纸上，发出瑟瑟的声响。此时，郭俊卿和战士们已经进入了梦乡。突然，班长把她和另外一名战士叫醒，要她俩去巴林草原东部的白音布统执行任务，班长对她们说:"上级有一项紧急命令,要驻在60里外的白音布统的部队在四个小时之内赶回来执行任务,你们二人要随部队一并赶回。"

雪夜送命令,这对于郭俊卿来说还是参军以后的第一次。她深知从营地到白音布统要翻过几座大山梁,山高谷深,要在四个小时之内完成任务,就是在白天也不容易,而在大雪弥漫,不辨道路的夜晚,要顺利地完成任务,更是难上加难了。然而,这正是磨炼意志的好机会,考验自己的时候到了。于是,她慨然回答道:"班长,保证完成任务!"

很多人是没有在草原上策马扬鞭、纵横驰骋的经历的。在大多数人心目中都觉得在一望无际的大草原上纵马飞奔想必是件畅快淋漓的美事,殊不知在漫无边际的草原上分辨方向都是一件困难的事,若遇上大雪天气前行就更加迷茫了。厚厚的积雪把路全都遮掩了,草原上又人口稀少,连问路都没处问,行路就完全凭经验和感觉。夜,如同墨布一样无情地将天空一层层裹掩,严得不透一丝光亮;雪,也施展着它的淫威,夜黑雪急使路越来越难以辨认。夜深了,风越刮越猛，雪越下越大，风雪刮得他们睁不开眼。由于雪深，不能骑马前行，只能牵着马在没膝深的积雪中一步一步向前挪，跌倒了爬起来继续向前。突然，脚下一滑，郭俊卿连人带马一并滚下了山沟。幸亏沟不太深，摔得不重。在战友的帮助下，她从山沟里艰难地爬了上来，顾不得胳膊、腿疼痛，又抓紧时间赶路。

毅力使黑夜与飞雪"缴械"，信念使她和战友忘记了艰辛与疼痛。

第二天清晨，雪停了，当东方出现曙光的时候，目的地也同时呈现在他们的面前。奔波了几个小时的郭俊卿和战友完成了任务，跃马扬鞭，胜利地返回。当走到离部队六七里的地方时，她的坐骑终因体力不支倒下累死了。郭俊卿深情地抚摸着自己心爱的战马，流下了眼泪。她从马背上把坐鞍解了下来，背在自己的肩上，拖着沉重的步履返回了驻地。

这次，由于她任务完成得出色，部队给她记了一小功。这以后，她多次独自一人敏捷机警地通过敌人的封锁线，在敌人的眼皮底下传送情报，传达命令。

郭俊卿胆大心细，她告诉战友：万一中弹负伤，就把公文吞入腹中，绝不能落入敌人之手。就这样，她一次次圆满地完成任务，受到了首长的多次称赞。

△ 雪夜传送命令（漫画）

⟶ 寒光照铁衣

★★★★★

从 1947 年 3 月起，国民党军对解放区的全面进攻受挫后，改为重点进攻山东、陕北两个解放区。人民解放军在各个战场上主动出击，给国民党军以重创，胜利捷报不断传来。华东野战军在陈毅、粟裕指挥下，于 5 月中旬在孟良崮战役中全歼敌精锐主力整编第七十四师三万两千余人，挫败了国民党军对山东解放区的重点进攻。在西北，彭德怀指挥西北野战部队采用"蘑菇"战术与十倍于己之敌周旋，相继取得青化砭、羊马河、蟠龙镇三战三捷，初步改变了西北战场的局势。而东北野战军则在东北、热河等地对国民党军实施局部反攻，经过夏秋冬三季攻势和三下江南、四保临江作战，东北局势发生了巨大变化。东北野战军不断收复被国民党占领的城市和乡村，人民军队的力量不断强大。此时，经过战火磨砺的郭俊卿也不断地成长进步，由团部通讯班调到三连四班任班长。

作为一名战士，郭俊卿作战勇敢，敢打敢拼；作为一名女性，郭俊卿心思细密，谨慎严谨；作为一名班长，郭俊卿聪颖机敏，领导有方。她兼具了胆大、心细的双重优点，既拥有男性那种勇猛顽强的品质，又不失女性那种细致小心的性格，这使郭俊卿在战斗和生活中往往高人一筹，甚至挽救一个生命，赢得一场胜利。

郭俊卿刚刚担任班长时，由于年龄不大，个子矮小，加上阳刚之气不足，战士们对她并不那么服气，有的战士甚至瞧不起她，但郭俊卿以她特有的耐心细致、坚韧不拔和顽强勇敢的性格逐步征服了全班同志，使全班战友对她是又敬又怕，又崇拜又喜爱。

东北的深夜很冷，每天后半夜，郭俊卿总是会起床

到各屋和岗哨去巡视一遍，叮嘱哨兵注
意警戒的同时要注意保暖，检查各屋的
安全情况，不时给火盆添些柴火，给士
兵盖盖被子。一天夜里，郭俊卿照例到
各屋去巡视，恰好赶上一个士兵在给火
盆添火，本来郭俊卿想上去帮忙的，可

是她突然发现这个士兵往火盆里添的是包米棒子。一般来说，部队到一个地方安营往往都选一些废弃的民房或破庙驻扎，生火取暖做饭也是自己捡柴火或是树枝什么的，尽量少打扰当地百姓。郭俊卿发现这个兵往火盆里添包米棒子，便细心地问道："哪来的？"

这个兵支支吾吾："从老乡那里拿的。"

"人家知道吗？"

"半夜里没柴火了，我就顺手拿来了，也不能叫大家冻着啊。"

郭俊卿一听就火了，把这个兵叫到外屋，狠狠地批评了他。"我们部队的纪律是不拿老百姓一针一线，你怎么能不问自取呢，你这么做和那些土匪、和那些国民党兵有什么区别？……我们当兵打仗是为了什么？不就是为了赶走那些土匪恶霸和军阀，让老百姓过上好日子吗？你怎么可以这样做，你自己好好想想。"

那个士兵也很委屈，还想说些什么。郭俊卿早已明白他要表达的意思："我知道，现在这种天气弄点柴火也不是一件容易的事，可是那也不能没跟人家打招呼就自己拿来啊。这和偷有什么区别？赶紧给人送回去！明天再给人家挑两缸水。"

那士兵很不情愿："那今天晚上我们怎么办呢？"

郭俊卿想了想说："你到我那屋把小杨给我劈的柴火先拿来用着，不用给我留了，我晚上还得各屋检查一下，用不着了。"

士兵按照郭俊卿的命令把包米棒子还了回去，用郭俊卿屋里的柴火凑合了一宿，而郭俊卿巡视完各屋后冻着睡了一夜。

第二天，同志们了解了这件事之后，在批评那个同志做得不对的同时，纷纷议论郭俊卿这件事处理得很妥当，看来这个班长还真行。

真正行不行还得看打仗。一次，部队准备进行一场阻击战。战前，部队已经悄悄地开进离敌人不到二百米的壕沟里，准备夜里执行偷袭任务。为了更好地摸清敌人的布防情况，排长令郭俊卿班去抓一个"舌头"回来，郭俊卿欣然领命。一是为了树立自己的威信，也为了不让战士们看扁，郭俊卿带着一个熟悉地形的同志亲自执行这个任务。出发前，排长千叮万嘱一定不要打草惊蛇，否则前功尽弃。郭俊卿有过作通讯员的经验，十分善于

△ 郭俊卿担任突击班班长（漫画）

隐蔽。在那个熟悉地形的同志的帮助下，她们很快接近了敌人的岗哨。只见两个国民党兵叼着烟卷扛着大枪来回巡视着。二对二，不好下手，胜算也不大。怎么办呢？郭俊卿急中生智，她向战友作了几个手势，那个战友心领神会，点了点头。郭俊卿拾起一块石头朝不远处的柴草垛扔去，然后与战友快速隐蔽好。那两个国民党兵听见动静都转头向柴草垛方向看去，发现柴草垛微微动了一下，两人商量了一下，一个人向柴草垛走去。看那人走远了，另一人也望向柴草垛方向，郭俊卿向战友一使眼色，两人猛地冲了上去，郭俊卿举起枪托朝那国民党兵后脑勺就是一下子，那国民党兵声都没吭一下就被打晕了。两人一人拎一条腿把他扔进垄沟里，然后迅速隐蔽起来。那边那个国民党兵见柴草垛没有什么异常又溜达回来。他见这边人没了，马上就警觉起来。郭俊卿向战友使了个眼色，战友点了点头，绕到那国民党兵身后轻咳了一声，国民党兵一回头，后边郭俊卿以迅雷不及掩耳之势扑了上去，一手按住国民党兵的头，使他的嘴堵着地面发不出声，一手掏出手枪顶住他的脑袋："不许动! 别出声，出声打爆你的头!"就这样，两人打晕了一个，活捉了一个，胜利地完成了任务。

郭俊卿作战勇敢，但从不蛮干，她时常警告自己的战士打仗要用脑子，不能胡来，不能光凭着一股冲劲儿就不管不顾，用她的话说："打仗要取得胜利，是得付出代价，但要赔上老本可就不划算了。"班里有个战士苦大仇深，作战十分勇敢，每次战斗都奋不顾身地往前冲，甚至有时为逞一时之气就什么都不管了，也不注意保护自己。郭俊卿当众没少称赞他的勇敢，但私底下也没少告诫他要注意安全，要注意整体协作，不能搞个人英雄主义。这个同志不以为然，依然我行我素。一次歼灭战中，全排将敌人包围在一座破庙里，在将几个顽固的敌人消灭后，排长命令郭俊卿所在的班冲进去缴敌人的械。郭俊卿正仔细地观察地形和当时的天气状况时，那个战士已经迫不及待地冲了进去。郭俊卿马上抢过一个战士手中的手电喊了声："注意安全，跟我冲！"跟了进去。手电光到之处，郭俊卿扬起手枪，一个正举枪偷袭的敌人应声倒下。原来此时已近傍晚，庙内一片漆黑，一个敌人藏在暗处打算等我军冲进去时突发冷枪，幸亏郭俊卿心思缜密、手疾眼快，不仅将敌人报销，更挽救了那个"拼命三郎"的性命。事后,那位同志千恩万谢,班里的同志再也不敢小觑郭俊卿了。

→ 将军得胜归

★★★★★

（18岁）

经过一年多的作战，国民党军兵力有所下降，而且，能够机动作战的兵力非常少，后方亦甚空虚。由于不断被人民解放军消灭，使国民党军士气低落，充满了失败情绪，而人民解放军则不断发展壮大。由于我军的节节胜利，也缴获了大量敌军的物资给养，装备大大加强。同时由于实行了土地改革，革命后方得到了极大巩固。人民解放军虽然在数量上还少于敌人，但在战场上的机动兵力却多于敌人，处于相对优势。并且连战连捷，掌握了战争主动权，根据战争形势的发展，中共中央在陕北靖边县小河村召开会议，部署人民解放军战略反攻。9月1日，中共中央发出《解放战争第二年的战略方针》的指示，提出："我军第二年作战的基本任务是：举行全国性的反攻。"自此，人民解放军开始由战略防御转入战略反攻。

1948年上半年，人民解放军在各个战场上向国民党军继续展开进攻，歼灭大量敌人，打破了敌人的分区防御。东北野战军向东北及热河地区的国民党发动大规模的攻势。此时，热河的国民党军被收缩在以承德市区为中心的平泉、承德、隆化、滦平所组成的通往北平的公路上，处在解放区的重重包围之中，完全处于被动挨打的地位。1948年5月8日，冀察热辽军区政治部发出《关于热河战役政治工作的指示》，指出："国民党十三军兵员废缺，战斗意志和战斗技术下降，依据较强的工事，固守城市，但陷于解放军的四面包围之中，孤立无援。解放军兵力火力均占优势，约大于敌军的五倍，多数部队经过整党整军，有过攻坚战的锻炼，可称劲旅。又有东北、华北大规模作战的配合，有广大根据地人民的热烈参战，敌军必败、我军必胜的条件已经成熟。"随之，冀察热辽军区对承德的外围作战

△ 红旗插上了隆化城垣敌堡

开始。

1948 年 5 月 13 日，冀察热辽军区司令员程子华率领"前指"和第十一纵队来到承德以北地区，三十一师九十三团首战距承德几十公里的象鼻子山，歼灭国民党十三军第四师一个工兵营，打响了承德外围作战第一仗。

5 月 25 日凌晨 3 时，隆化县城解放。解放军攻克隆化的捷报传到平泉，驻守平泉的国民党八十九师二六七团如惊弓之鸟。

解放平泉县城的战斗打响了，郭俊卿所在的四班是突击班，连同六班一起承担了夺取平泉县城左第二道山梁的重要任务。

为了打胜这一仗，战前，全班同志分析了战情：就条件看，四班只有十几只老掉牙的步枪和几十枚手榴弹，且战士大都是第一次上阵的新兵，而敌人则是火箭筒、重机枪和山炮；从人数上看，我方只有两个班，而敌方则大约有两个排的兵力，敌众我寡。因此，这是一场拼勇敢、拼毅力的硬仗。

凌晨时分，战斗打响了。郭俊卿和副班长、战斗组长各带一个组，一跃跳出山脚下的战壕，奋勇地向山梁上的敌人攻去。敌人用火箭筒、重机枪等交织成火力网阻止他们前进。郭俊卿和战士们组织火力予以坚决还击。战前两天，郭俊卿还在感冒发烧，但战斗一打响，她把自己的病痛丢在一边，和全班同志从山脚奋力往上攻击。为了鼓舞同志们的战斗勇气，她摇着红旗冲在最前面。在敌人密集的炮火中，她一面指挥，一面鼓动全班："同志们，注意利用地形! 今天，打老蒋讨还血债的日子到了! 大伙争取火线立功啊!"硝烟之中，她带领战士们向第一道山梁冲去。

就在她们即将进入头道山梁的时候，敌人发狠了。"吭吭吭"向她们射出了三发炮弹，其中一发落在了副班长的身边，副班长应声倒下。"副班长!"郭俊卿边喊边跑过去。只见副班长头部中弹，血如泉涌，染红了身边的茵茵绿草——副班长英勇地牺牲了。望着朝夕相处、情同手足的副班长，郭俊卿悲痛欲绝，伏下身子摘下副班长的枪和近百发子弹，把他背在自己的肩上，布满血丝的眼睛里喷射出愤怒的火焰。

正在这时，冲锋号角吹响了。郭俊卿激愤地呼喊：

"副班长是为了大伙儿，为了穷人的翻身牺牲的，咱们要给他报仇！"说着，就又带头冲了上去。战士们在郭俊卿的鼓舞下，个个英勇出击，手榴弹一颗接一颗在五六十米以外的敌群中开花。浓烟滚滚，杀声阵阵，四班全体战士以强大的攻势击溃了敌人。六班紧跟四班冲上来的同时，敌人的增援部队也上来了。七八十个敌人和我们二十多个战士，在山头展开了肉搏战，双方反复冲杀了四次，最终我军攻占了山头阵地。当天晚上10点多钟，二六七团两个营弃城西逃。他们一群群、一行行地从平泉偷偷爬出，沿着小路向承德方向逃去。我军大获全胜。

祝捷会上，锣鼓喧天。郭俊卿班长机智勇敢，运筹帷幄，指挥若定，并能坚持勇猛出击，团部给她记了功，四班亦荣获"战斗模范班"的光荣称号。

→ 夜袭燕支虏

（18岁）

烈火炼真金，战斗育英雄。平泉战斗后不久，郭俊卿被调到某营机炮连任支部书记。上任之后就赶上部队出发打承德上板城和下板城。为了争取时间，郭俊卿和战士们一起一夜急行军一百五十余里。尽管脚下磨出了泡，走起路来一瘸一拐的，但她还是帮着病号们扛枪，搀扶病号赶路。到了大碰子山，敌人在对面的山梁上阻击我军。为了不耽误部队行进速度，圆满完成任务，郭俊卿果断带领二排登上小山阵地与阻击敌人拼火力，掩护部队前进。她一面指挥同志们寻找合适的掩体隐蔽，一面指挥战友以重火力压制住敌人。敌人见火力扫射没有效果，就组织二十多人的小分队进行突袭，想渡过山脚下那条浅河，袭击我军。郭俊卿发现敌人的作战

△ 辽沈战役中解放军进攻锦州

意图后马上指挥重机枪猛烈扫射，一部分敌人应声倒下，其余的都惊慌失措，狼狈逃散。在郭俊卿的机敏指挥下，反阻击战取得了胜利，为部队的顺利前进扫清了障碍。

1948年8月，隆化附近的二道沟战斗打响。夜，黑得伸手不见五指，电闪雷鸣，大雨如注。恶劣的天气使战斗异常残酷，敌我双方伤亡都很大。当时，郭俊卿正在师部支书训练班参加集训。听到枪响，郭俊卿和其他学员一道立即赶到阵地帮助救护伤员。在敌人的炮火和照明弹的光亮下，郭俊卿冲在最前面，抬担架，背伤员，来回奔跑，不知疲倦，很快把伤员安全送到了三里外的卫生所。好多伤员都得到了及时的救治，而郭俊卿却累得肩膀红肿，动弹不得。

1948年9月，东北野战军南下北宁线作战，拉开了辽沈决战的序幕。东北野战军主力连同地方武装共103万人，在林彪、罗荣桓的指挥和东北人民的支援下，向分割在锦州、长春、沈阳等孤立地区的55万国民党军发起攻击，国共两党战略决战正式打响。

9月12日，这场战役首先从锦州地区开始。锦州是联结东北和华北的战略要地，国民党军以六个师十万多人防守。解放军以部分兵力围困长春，主力围攻锦州，力图先拿下锦州这个军事重镇。为了防止锦西、葫芦岛等地国民党军救援锦州，东北野战军令第四纵队、第十一纵队和独立六师埋伏于塔山地区，阻击救援锦州的敌人。

塔山位于锦西与锦州之间，距锦州十五公里，距锦西四公里，离葫芦岛不过五公里。塔山不是山，是个只有百十户人家的小村子。这里东临渤海，西靠虹螺岘山和白台山。山与海之间最狭窄的一段，仅有十二公里宽。北宁铁路从村子的东侧穿过，沈山公路与铁路并行。村南有条干涸的河滩，架有一座铁路桥。村子周边地势平坦低洼，村西通向高桥的地方，是一片宽约八千多米的开阔地，散布着一些小丘陵；东边靠着锦州湾的

△ 东北野战军在辽宁省西部和沈阳、长春地区对国民党军进行的战略性决战

山包就是打鱼山岛，涨潮的时候是岛，退潮的时候是和海岸连成一片的滩涂。从海边往西，地势逐渐抬高，西面的白台山高两百米，是唯一的防御制高点。塔山周围是平缓的起伏坡地，塔山是锦西至锦州的必经之地，是国民党军驰援锦州的必经之路，也是东北我军堵住国民党援军的必争之地。敌我两军在这里进行了生与死的搏斗。

当时，郭俊卿所在的东北野战军独立六师担负牵制锦西敌人的任务。新提升为机炮连副指导员的郭俊卿带着部队牵马驮炮，火速赶到塔山附近的大洼子山阻击敌人。面对六七倍于己的敌人的反复进攻，郭俊卿和战友们沉着应战，以顽强的意志和勇猛的精神坚守阵地，一次又一次地打退敌人的进攻。时间在一分一秒地过去，敌人已经没有什么耐性了，他们如野兽般疯狂地朝我军扑了过来。所谓狭路相逢勇者胜。你强，我比你还强，你凶，我比你还凶。面对敌人的疯狂冲击，郭俊卿毫不示弱，率领战士冲入敌阵，与敌人拼死决斗，以强大的魄力和坚定的决心震慑了敌人，打退了敌人的又一次进攻。战斗进行得异常惨烈，一个又一个战友倒在了阵地上。惊心动魄的恶战经历了三天三夜，郭俊卿所在的部队终于胜利地完成了阻截敌人的任务。全团两千多人，撤下阵来的时候已经不足五百人了。由于独立六师英勇顽强地完成了阻击任务，东北野战军给参加阻击战的独立六师全体指战员发来嘉奖电，包括郭俊卿在内的全体将士欢欣鼓舞。

塔山阻击战的胜利，为解放锦州创造了条件，辽沈战役各个阶段的战役逐步推进。1948
年10月14日10时，刘亚楼下达了总攻
令。东北野战军炮兵纵队集中500门大
炮向锦州城内预定目标猛烈轰击。11时
30分，各突击队发起冲击。1948年10
月15日18时，东北野战军攻克锦州城，

△ 辽沈战役

△ 辽沈战役纪念馆

全歼国民党守军十万余人，生俘东北"剿总"副总司令兼锦州指挥所主任范汉杰和第六兵团司令卢浚泉。10月20日，辽西会战展开，至10月28日拂晓，辽西会战结束，廖耀湘西进兵团所属新一军、新六军、新三军、第七十一军和第四十九军共计五个军十二个师十万余人全部被歼灭，兵团司令廖耀湘、新六军军长李涛、第七十一军军长向凤武、第四十九军军长郑庭笈被俘。10月31日，东北人民解放军完成了对沈阳的包围。1948年11月1日拂晓，对沈阳发起攻击。当天中午，国民党第八兵团司令周福成和他的300名卫队在银行大楼放下武器。11月2日，沈阳全城为解放军占领。同日，解放军攻占营口。至此，辽沈战役结束。

辽沈战役历时五十二天，共歼灭国民党军四十七万余人，东北全境获得解放。这一胜利使人民解放军获得了巩固的战略后方和强大的战略预备队，从根本上改变了国共双方总兵力的对比，对加速解放战争的进程具有重大意义。在国共两党的第一个大决战中，年轻的郭俊卿贡献出了自己的力量，建立了一份功劳。

女儿之身

(1949—1950)

⤳ 叹息徒嘻吁

★★★★★

（19岁）

　　战争是无情的，在无情的战争中，有的人为了正义英勇地献出了宝贵的生命。郭俊卿是战争的幸存者，而她付出的却是超乎常人的代价，忍受着常人难以忍受的难言之隐。

　　郭俊卿，她的嗓音比较粗，具有男子嗓音的粗犷劲儿，加上她入伍后就和别的战士一样剃寸头，因此，从声音和外表上根本看不出什么"破绽"。然而，和首长、战士们朝夕相处在一起，想掩饰女性的身份就不太容易了。但郭俊卿却神奇般地蒙过了领导和同志们的眼睛。

在营房里，她从来不和战士们开玩笑，装出一副性格孤僻的样子。如有的战士真的和她开起玩笑，她大都是以婉言"告饶"。每每上厕所，她都是等厕所没人时才进去。晚上住宿，她总是靠一边和衣躺下，面朝墙壁。部队行军打仗很艰苦，每班用木板制成一个特大号圆盆洗澡，洗时大伙招呼郭俊卿一块儿去，郭俊卿总是借口不去。天黑了，她反倒问："有没有洗澡的，一块儿去！"别人都洗完了，谁还去？她就自己去了。

在给首长当通讯员的时候，路途上解手也总是离开首长和同志到远处去。她这样做，首长也批评过她。说她"封建意识浓"，然而，她却默默地忍受着委屈，从来不吭一声……

郭俊卿昔日的战友陶振国曾深情地回忆过他们在一起的那段峥嵘岁月：1949年4月，郭俊卿随部队南下到湖北黄冈，在行军途中，郭俊卿因故掉队了，被陶振国所在的机炮连收留。当连长问她在原部队担任什么职务时，她说是班长。连长就安排她在陶振国那个班当副班长。当时，郭俊卿19岁，个头有1.6米高，黑黑的，长

063
女儿之身

得和男兵差不多。陶振国当时18岁，一听说都是朝阳人，两人是老乡，就格外亲近，每当部队宿营时，两人总是挨在一起睡觉。但令大家奇怪的是，郭俊卿从来都是和衣而睡。每次战士们去洗澡，她都是借口喂马不去，等别人洗完回来后，她再偷偷摸摸地自己去洗澡。时间一长，战友们沉不住气了，决定要揭开这个谜。一次，趁她不备，战士小李一把将她抱住，要扒她的衣服，气得她一边大哭一边挣扎，吓得战友们再也不敢闹了。"我有时就问她：'你是女的吧？'她说不是，我说：'那你为什么不让大家检查？'她说：'你们检查我干什么？'说完，一转身就走了"。部队过长江时，郭俊卿就同陶振国所在部队分手了，去找原先的部队，"后来部队首长说她是个女的，我们都大吃一惊"。

还是在1948年5月平泉战斗时，就在战士们冲上制高点的时刻，郭俊卿感到一阵剧烈的腹痛，顿时，天旋地转，豆大的汗珠从她脸上滚下来，裤子上印有一大片鲜血，她腿脚一软，瘫坐在地上。郭俊卿敏感地意识到：这并不是负伤了，而是自己女性的特征显露出来了。怎么办？就这样瘫坐在地上等死吗？不能，绝不能！任务还没有完成，红旗还没有插上二道山梁，副班长的仇还没有报。想到这里，她又顽强地站起来，把阵地上的战斗部署一下之后，身子一纵滚到了阵地右边的一个土坡后面，处理停当之后，又立刻返回阵地。

这时，在机关枪的掩护下，敌人又向头道山梁进攻了。面对着凶恶的敌人，面对着敌人寒光闪闪的刺刀，郭俊卿怒火中烧，率部和敌人展开了白刃战。搏

△ 郭俊卿带领战友端着刺刀和敌人展开白刃战（漫画）

斗中，两个大个子敌人分别从前后一齐向郭俊卿刺来，但郭俊卿毫无惧色。她强忍腹痛，"当"的一声挡开了前面敌人的刺刀，然后迅速调转枪头拨开了后面敌人的刺刀，一个箭步冲上去挑死了敌人，另外一个敌人见此情景惊叫了一声，仓皇逃走。山梁上，敌我双方拉锯式地冲杀了四次。最后，在六班的配合下，敌人终于被迫退出了二道山梁，鲜艳的军旗插上了山头阵地。郭俊卿和战友们以顽强的拼搏精神取得了胜利。可谁知道她是强忍着女性经期的身体不适完成的战斗任务呢！

1949 年初夏，取得辽沈战役胜利的第四野战军奉命入关，郭俊卿随百万大军挥师南下。再见了，关东的故土；再见了，东北的父老乡亲；再见了，长眠在这里的战友。郭俊卿这位从农家走出来的女战士，怀着对故土的深深眷恋踏上了征程。部队出关的那一刻，郭俊卿回望着巍峨的万里长城，一股豪气在胸中升腾。经过辽沈战役的洗礼，郭俊卿必胜的信念更足了，她与战友们一起奔向了新的征程。

在南下途中，郭俊卿所在部队经过湖北稀水河畔。当时，她正处于经期，由于过度劳累，休息不好，不仅

腹痛难忍，还发着高烧。在过一道
深沟时，为了不让其他病号涉水受寒，
郭俊卿硬撑着，一声不响地把不能
行走的伤员一个个地背过河去，而自
己却因为着凉得了严重的妇科病。她
一声不吭地强挺着，很快就继续参
加战斗。

⊕ 易却纨绮裳

★★★★☆

（19岁）

艰苦的环境考验了郭俊卿英勇
顽强的革命意志，革命熔炉更铸就了
她互助互爱、患难与共的崇高美德。
由于常年女扮男装，郭俊卿自然而然

地养成了男性的豪爽性格。行军途中她帮助同志们扛枪、背背包，抬担架，挑油桶和行军锅。她擅长文艺、会唱不少歌和地方戏，无论休息或行军，她都用她稚气未脱的歌喉，鼓舞斗志，激励大家的情绪。她本来就是女性，更具有女性的温柔。东北野战军挥师南下，行军途中，已任副政治指导员的郭俊卿跑前跑后地唱歌鼓动，还帮炊事班背行军锅。大年初一，部队组织秧歌队，郭俊卿头戴假发，身穿旗袍，一边唱歌一边扭着腰，把看热闹的人笑得前仰后合："这个解放军演得像个真女人！"

有个难伺候的兵，白天老是愁眉苦脸打不起精神，晚上尿炕，被子又臭又脏，和他睡邻铺的战士总是讥讽他，郭俊卿没有嫌弃他，一边帮他洗晒被子，一边找老乡寻求治尿炕的药方，安慰这位战士不要紧张，尿炕的毛病一定能治好。面对郭俊卿一脸的真诚，这位战士被感化了，原来他是害怕部队艰苦生活想回家，所以故意尿炕。郭俊卿知道了他的心病，就苦口婆心地给他讲道理，与他一同回忆苦难的过去。这个战士终于转变了思想，不仅学习刻苦，而且作战也非常英勇，后来在塔山的大洼子阻击战中献出了年轻的生命。

南下途中，烈日下她主动帮助同志，广播员累了，她就接过喇叭喊口号，鼓舞战友们的斗志；行军累了，战友们让她坐大车，她硬是让给体弱的同志；一到宿营地，她不顾自己满脚板的血泡，抢先给同志们烧水烫脚，用马尾给战士们挑泡；深夜，她还悄悄起床给大家盖被子……

➡ 今为骄子容

★★★★★

（20 岁）

五年的南征北战，艰苦的军旅生涯，磨炼了郭俊卿的意志品质，但风餐露宿、爬冰卧雪的生活也严重地损害了郭俊卿的身体健康，她患上了严重的妇科病。由于一直女扮男装，加上刚强的性格，她一直强挺着，这使她的病日益加重。但她仍然默默地忍受着，不向任何人提及。到 1950 年 5 月，郭俊卿的病情越来越重，非看医生不可了。大家给她请来医生，郭俊卿却怎么也不让看。细心的医生发现郭俊卿喉部平坦，大腿汗毛轻，再加上她不配合的态度，心里很怀疑，将情况向组织作了汇报。

郭俊卿躺在病榻上，想着自己苦难的童年，想着从小向往的花木兰，想着参军后的种种经历，想着党把她从一个不谙世故的黄毛丫头培养成一名解放军战士，她感到无比的自豪。然而五年了，她却一直向党组织隐瞒着自己的身份，这又使她感到无比的内疚。当这一切再也无法隐瞒时，郭俊卿哭了，这泪水里，有自责，有委屈，有无奈，更有不舍。于是，她向党组织敞开了心扉，表白了自己女性的真相。

由于长期战争环境的影响，她的病已经非常严重了，医生不得不给她做了切除子宫的手术。出院后，她换上了女战士的裙服，英姿飒爽地出现在人们面前。"郭富"的假名字不能再用了，她恢复了原来的真名——郭俊卿。

郭俊卿女扮男装、驰骋疆场、英勇杀敌的消息在第四野战军里引起轰动。"郭俊卿——新时代的花木兰，她女扮男装，驰骋疆场。"这一消息像长了翅膀一样，在四野的全体指战员中传扬。整个四野

△ 郭俊卿穿着裙服，已恢复女儿装。

沸腾了，郭俊卿一时成为口碑人物。人们惊讶之余，对郭俊卿充满了敬意，没想到这个战功赫赫、"四野"中尽人皆知的英雄，原来是个女性。但是，也有不同的声音传出，有人认为她这是欺骗组织，是对党不忠诚，应该给予处分。时任第四野战军第十五兵团第二副司令员、党委常委兼第四十八军军长的贺晋年听到她的事迹后为她定论："郭俊卿是巾帼英雄，是当代'花木兰'，是我们军的骄傲。"

谁说女子不如男，古有花木兰，今有郭俊卿。1945年到1950年，郭俊卿隐瞒自己性别长达五年之久，她克服了常人难以想象的困难，与其他男同志一样，艰苦训练，奋勇杀敌，取得了一般男同志都难以取得的赫赫战功，成为令人钦佩的英雄。

艰难困苦，玉汝于成。建功立业，大器必成。

衣锦还乡

(1950—1951)

→ 归来见领袖

★★★★★

（20岁）

英雄为人民的事业抛头卢洒热血，人民永远不会忘记英雄。

1950年9月，金风飒飒，秋高气爽。汉口车站，一列载着二野、四野英雄的专列，在欢送的鞭炮声和锣鼓声中徐徐向北开动了。此时，车上一位身着女式军装、梳着短发的巾帼英雄英姿勃勃地向战友们挥手告别。她就是恢复了女儿装扮的郭俊卿。此时，她心潮起伏，激动不已。她是去北京参加全国战斗英雄代表大会的。回想自己苦难的童年，父亲的惨死，妹妹的夭折，地主的霸道，国民党军的蛮横，自己由一个贫苦的农民，成长为一名光荣的战士，还成为了战斗英雄……这其中的酸甜苦辣，这其中的风雨冷暖，一起涌上心头，百感交集，无以言表。

列车飞奔，发出有节奏的铿锵声，仿佛在演奏着一首和谐的进行曲。车厢内，缀红挂绿，列车工作人员和英雄们

△ 火车站欢迎的群众

一起举行联欢会。工作人员即席演出，热情歌颂郭俊卿女扮男装、英勇战斗的动人事迹；郭俊卿亦放开歌喉，演唱了一首陕北小词，以抒发自己的情怀。

1950年9月25日至10月2日，由中央人民政府政务院召开的全国战斗英雄代表会议和全国工农兵劳动模范代表会议，在北京同一会场同时举行。全国战斗英雄代表会议代表360人，全国工农兵劳动模范代表会议代表462人，列席全国战斗英雄代表会议的国民党军起义部队代表64人。这是开国战斗英雄、劳动模范的一次大聚会。

参加这两个会议的代表们，有来自人民解放军各部队的战斗英雄、地方的民兵英模和支前模范，也有来自工厂、矿山、农村的劳动模范。他们都是在各条战线上作出突出贡献的英雄模范。他们当中的每个人都有着一段惊天动地的传奇故事。

中共中央和中央人民政府十分重视这两个代表会议。1950年7月，中央人民政府政务院第四十二次会议通过《关于召开全国战斗英雄代表会议和全国工农兵劳动模范代表会议的决定》，指出，在中国共产党领导

△ 郭俊卿（右一）和四野的其他战斗英雄合影

下，解放战争和人民革命取得了全国范围

的胜利，大规模经济建设工作已经开始。

为了表彰在中国革命战争中涌现出来的

战斗英雄和工农兵工作模范，激励全军

发扬革命英雄主义精神，加强人民解放

军现代化建设，鼓励全国人民发展生产，

繁荣经济，建设新中国的伟大事业，特

△ 全国战斗英雄、劳动模范代表会议会场

决定召开这两个代表会议。

9月25日，这是郭俊卿最难忘的日子。这一天的10时左右，礼堂的灯骤然亮起，奏响了《东方红》乐曲，毛泽东主席、刘少奇副主席、周恩来总理、朱德副主席等党和国家领导人走上主席台，一边走一边向大家挥手致意。人们站了起来："毛主席万岁!""中国共产党万岁!"掌声、呼喊声响成一片。此时，郭俊卿热血沸腾，她和赵兴元代表全体英雄模范向毛主席敬献花环。当毛主席和朱总司令得知她就是女扮男装英勇杀敌的"现代花木兰"郭俊卿的时候，都紧紧地和她握手，向她表示祝贺。会议开幕后，毛主席热情地把她请到主席台上就座。

许久，会场终于平静下来，郭俊卿已经是泪流满面了。她，一个饱经苦难的女孩子，能够成长为光荣的解放军战士，成为战斗英雄，今天又能亲手给伟大领袖毛主席献花，怎么能不令她激动呢?

开幕式上，政务院副总理兼财政经济委员会主任陈云致开幕词。毛泽东主席代表中共中央致贺词，朱德副主席致演说词。刘少奇副主席、周恩来总理等在会议上发表讲话。各民主党派、各人民团体领袖等出席了开幕式。

毛泽东在贺词中称赞英雄模范是"全中华民族的模范人物，是推动各方面人民事业胜利前进的骨干，是人民政府的可靠支柱和人民政府联系广大群众的桥梁"。他强调，中国必须建立强大的国防军，必须建立强大的

战斗英雄们，你们是人民
解放军的模范人物，希望
你们继续努力，更加进步，
为建设强大的国防军而
奋斗 毛泽东

△ 毛泽东主席的贺词

经济力量，这是两件大事。这两件事都
有赖于同志们和全体人民解放军指战员
一道，和全国工人、农民及其他人民一道，
团结一致，协同努力，方能达到目的。

会议始终沉浸在隆重而热烈的气

氛中。代表们纷纷在会上发言，报告自己的英雄模范事迹，交流经验和体会。在这次大会上，郭俊卿被选入大会主席团。会上发言的共有十一位战斗英雄，郭俊卿就是其中的一个。她在发言中详细地介绍了自己成长的过程和战斗的历程。她深有感慨地说："我没有想到自己会成为一名英雄，在战场上冲锋陷阵

△ 1950年9月，赵兴元在全国战斗英雄大会上作典型发言。

时想到的是为穷苦人报仇，为牺牲的战友们报仇，跟着党开辟用枪杆子打出穷人的天下。是党和人民军队把我从苦难中拯救出来，把我培养成为一名革命战士，没有党，没有人民的军队，就没有我的一切……"

会议期间，正值中国传统的中秋佳节，毛泽东等党和国家领导人设宴招待全体代表。宴会上，郭俊卿激动地端起酒杯，深情地向人民领袖敬了一杯鸡尾酒。在这样一个特殊的日子里，这个在旧社会深受苦难却从不轻易落泪的苦孩子，这个在战场上铁骨铮铮的巾帼英雄，泪水不止一次地簌簌落下。

会议于10月2日胜利闭幕，并共同发出《告全国军队和劳动人民书》，倡议全国军民以更高的爱国主义和革命英雄主义精神，为建设强大的国防力量与经济力量，为祖国的独立、自由、繁荣而加倍努力。会议在全国军民中引起强烈反响，极大地鼓舞了全国各族人民为建设新中国而努力奋斗的决心和信心。

英雄代表大会期间，许多知名人士和一些单位访问了郭俊卿或请她作报告。著名女作家丁玲拜访了郭俊卿，和郭俊卿促膝谈心，丁玲热情地称赞郭俊卿女扮男装、

△ 丁玲

参军杀敌的壮举，称赞郭俊卿是新中国、新时代妇女的光辉楷模，是花木兰式的英雄，并且和郭俊卿合影留念。记者们也都争相采访郭俊卿。全国劳动模范赵桂兰、新中国第一代女火车司机田桂英、著名演员石联星等妇女界的英雄模范人物也都分别和郭俊卿见面、叙谈。北京市妇联还专门召开大会邀请郭俊卿作了报告。在报告中，郭俊卿感慨地谈到："生命的价值，在于对祖国作出应有的贡献。只有为祖国谋幸福的人，才是真正幸福的人，也是一个真正懂得幸福的人……"

在大会上，中央军委授予郭俊卿"全

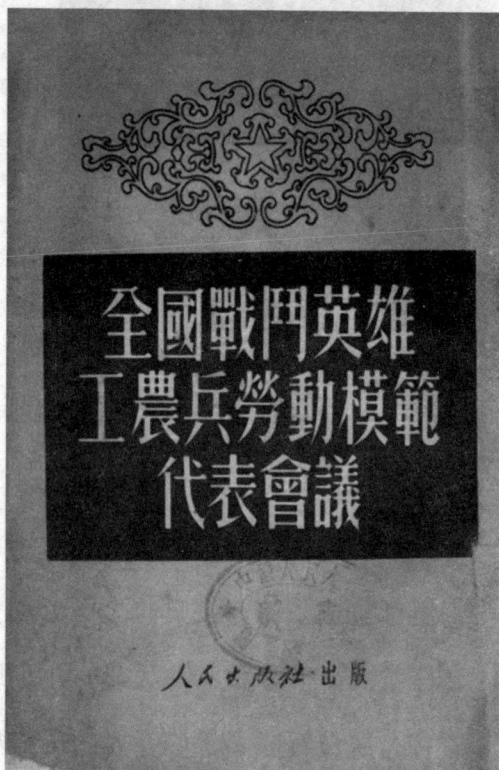

△《全国战斗英雄工农兵劳动模范代表会议》书影

△ 中国人民解放军战斗英雄代表会议纪念章

国女战斗英雄"、"现代花木兰"的光荣称号，并颁发模范奖章一枚、勇敢奖章一枚、毛泽东奖章一枚。总政治部主任萧华在报告中高度赞扬了郭俊卿的英勇战斗精神。当军委领导把金光闪闪的各种奖章佩戴在郭俊卿胸前的时候，郭俊卿激动得不能自已，眼里饱含着幸福的泪水。郭俊卿深情地望着首长，心中有许许多多的话要说，但又不知从何说起。这一天，郭俊卿在日记中写道："毛主席、朱总司令授予自己极高的荣誉，这更加鼓舞了自己的战斗意志，更增添了自己的战斗力量。自己决心永远做个革命战士，保持荣誉，保卫祖国，保卫和平……"

还有一件令郭俊卿万分激动的事，就是他们这批参加全国战斗英雄代表会议和全国工农兵劳动模范代表会议的代表还登上了天安门城楼观礼台上，参加了新中国成立一周年盛大国庆典礼。1950年10月1日，首都40万人在天安门广场隆重举行庆祝大会，庆祝中华人民共和国成立一周年。人民解放军陆、海、空军部队和首都各界人民举行了盛大的阅兵式和游行。

那天，天气格外晴朗，观礼台上，郭俊卿激动得心跳个不停。她看到粉刷一新的天安门城楼上悬挂着中华人民共和国国徽和毛主席的巨幅画像，两侧墙上挂着"中华人民共和国万岁"和"世界人民大团结万岁"的大幅标语。广场南部两壁红墙的前面，飘扬着缀有"国庆"两字的八面红绸和三十二面红旗。当中央人民政府主席毛泽东，副主席朱德、刘少奇、宋庆龄、李济深、张澜，

△ 出席会议的女战斗英雄郭俊卿（前左三）在国庆一周年宴会上给世界民主青年联盟代表团代表签名。

秘书长林伯渠，政务院总理周恩来，中央人民政府委员和各部委领导人，人民政协全国委员会委员，各民主党派、各人民团体领导人登上天安门城楼时，全场欢呼声响成一片。郭俊卿使劲儿拍着手，不停地高呼"毛主席万岁！中国共产党万岁！"的口号。

二十八声礼炮响后，检阅开始。朱德总司令乘检阅车从天安门城楼的正门内驶出，缓缓地通过金水桥。迎候在桥南侧的阅兵总指挥聂荣臻当即行军礼报告，请总司令检阅。军乐队奏起雄壮嘹亮的《三大纪律八项注意》乐曲。在军乐声中，朱德总司令在聂荣臻的陪同下，驶向长安街检阅部队。检阅受阅部队后，朱德总司令宣读了中国人民解放军总部给全国武装部队和民兵的命令。接着，受阅部队以空军学校、海军学校的学生队伍为先导，按照步兵、炮兵、摩托化步兵的顺序依次经过天安门广场，接受检阅。在隆隆的战车和坦克声中，人民空军的战斗机群飞过天安门城楼。这时，万众欢呼仰望。

郭俊卿站在观礼台上，标准地敬着军礼，她向她的战友致敬。这敬礼，既是向为人民解放事业而奋斗的战友们致敬，也是向那些牺牲在战场上、没有看到今天解放的英烈们的致敬。

伴随着激越的《骑兵进行曲》，骑着白色骏马的六路纵队进入天安门广场。骑兵们手握战刀，肩跨冲锋枪，随着马蹄踏出的整齐节奏，威风凛凛、意气风发地走到天安门下向毛泽东等中央领导行注目礼。观礼台上的欢呼声、掌声响成一片。此刻，郭俊卿想起了自己的战马，想起了自己跃马横刀的战斗生活，心中充满了自豪。

→ 士卒还故乡

★★★★★

（20—21岁）

全国战斗英雄代表大会后，作为人民解放军的先进人物，郭俊卿和战斗英雄张明、赵兴元参加了由团中央书记冯文彬任团长的中国青年访苏代表团。代表团成员还有新中国第一个女拖拉机手梁军、新中国第一个女火车司机田桂英等。得知这一消息后，郭俊卿心潮起伏，激动万分，兴奋得好几个晚上没睡着觉。

　　1950 年 11 月，访问团一行乘坐毛主席访苏的专列出发了。去苏途中，路过绿草如茵的内蒙古草原，望着曾经生长过和战斗过的这片土地，郭俊卿遐想的翅膀展开了。此时，她想到了养育了她的滚滚的西拉木伦河，想到了战斗过的辽阔的巴林草原，想到了阔别五年的父老乡亲们……百感交集，激动万分。

　　几天后，他们到达了苏联首都莫斯科。一下火车，他们就被热情的苏联人民重重包围了。在莫斯科住下后，访问团成员无一不被这座城市的现代化所震撼，明亮的电灯、奔驰的汽车、精致的电话……这一切，都是当时的中国所无法比拟的。访问团还闹了这样一个笑话：当时在中国大多数人家用的都是煤油灯，抽烟的人习惯于凑近煤油灯"借火"，而莫斯科人用的是电灯。一次，访问团的一个人准备吸烟，便习惯性地将身子靠了过去，等他回过神后才意识到人家使用的是电灯，引起大家哈哈大笑。

　　在极度的兴奋和激动中，代表团成员和苏联人民一起迎来了庆祝十月革命胜利 33 周年的活动，盛大的红场阅兵式无疑是庆祝活动的高潮。

11月7日，连续下了几天雪的莫斯科上空一片晴朗，似乎天公都向这个伟大的日子让了步。一大早，成千上万的市民纷纷赶至红场，周围的群众将道路围得水泄不通，楼顶上、树上都挤满了人。上午10时前，应邀参加庆典活动的各国领导人相继登上检阅台，苏联党和国家领导人以及苏联元帅朱可夫等在前排就座。在当时的苏联，新中国的代表团很受重视，得到了极高的礼遇，走到哪里都受到苏联人民的热烈欢迎和盛情款待，作为重要的嘉宾，郭俊卿、赵兴元等人也被安排在观礼台上就座。

10时整，阅兵式开始。军乐声中，由莫斯科军人组成的乐队边演奏边步入红场，随后一列列身着威严整齐军装的方阵从检阅台前通过，他们分别代表着战争时期苏联红军陆、海、空兵种。而每一个方阵通过，群众中都会响起热烈的掌声和欢呼声。浑厚的军乐曲伴随着阅兵式始终。在阅兵式上，苏联党和国家领导人以及苏军元帅起立鼓掌，频频向通过检阅台的方阵挥手致意。一个小时的阅兵式以战机飞越红场上空而宣告结束。

虽然已是冬季，但是郭俊卿的心是热的。站在观礼台上，她心潮起伏，久久难以平静。雄壮的受阅队伍使郭俊卿想起了当初她在林西县城看到苏联红军队伍进城时的情景，那英姿飒爽的女兵形象已经在郭俊卿脑海中定格。如今，郭俊卿也如愿以偿地成为了一名女兵，还成了万民景仰的战斗英雄，并且亲自到莫斯科观看苏联红军阅兵式，那种感觉实在无法用语言表达。

中国青年访苏代表团当时在苏联的行程被安排得十分紧凑，除了观看红场大阅兵外，他们还瞻仰了无产阶级伟大导师、苏联人民最崇敬的领袖——列宁的遗容，参观了斯大林汽车工厂、莫洛托夫工厂、列宁纪念馆、保尔·柯察金纪念馆等，还走访了斯大林的故乡格鲁吉亚，见到了在战斗中打下德军六十多架飞机、后来成为苏联空军元帅的科尔多布和"无脚飞将军"等多名卫国战争中的名将和英雄。在参观期间，郭俊卿直觉得自己的眼睛不够用。那时，刚刚诞生的新中国还无法和苏联相比，多年的封建统治和外敌的侵略掠夺、国民党的黑暗统治和战争创伤，给中国造成的是贫

△ 西拉木伦河

△ 1950年郭俊卿（右一）回林东探亲，与昭盟妇联主任韩芝英合影。地点是原老旗委院里。

穷和落后。在经济飞速发展的苏联，许

多现代化的设施是代表团成员从来没有

见过的。通过参观活动，他们眼界大开，

学到了许多东西。郭俊卿和许多代表团成员一样，决心回国以后，为国家的经济建设作出自己的贡献。

1951年1月14日晚，代表团离苏回国。在莫斯科车站上举行了欢送仪式。苏联青年反法西斯委员会主席科齐马索夫、苏联共青团中央书记赛米恰斯尼、中国驻苏大使参赞曾涌泉等上千人参加欢送。科齐马索夫致欢送词。中国青年代表团团长冯文彬致告别词。在苏联，郭俊卿还有一个重要的收获——苏联的医生帮她彻底地医好了妇女病。

1951年初春时节，古老的西拉木伦河迎来了载誉而归的英雄——郭俊卿衣锦还乡了。巴林草原的儿女敲锣打鼓、载歌载舞，热烈欢迎草原人民的骄子。昭乌达盟盟长和巴林左旗旗长都特地赶来向郭俊卿表示祝贺，并陪同她看望了家乡的父老乡亲，走访了工厂、机关、学校。所到之处，青年男女把一簇簇用彩绸扎成的鲜花献给她，小学生则把自己心爱的红领巾系在她的颈上。面对着乡亲们对自己的一片深情，郭俊卿深深地感到自己为党为人民做的事太少了。她觉得十分内疚和惭愧。一个风和日丽的早晨，她怀着崇敬的心情来到了林东城后山上的烈士陵园，拜谒烈士的陵墓。她凝视着一块块墓碑，默念着长眠于地下的战友们的名字，深深地感到他们才不愧为真正的英雄。因此，必须很好地纪念他们，而最好的纪念，就是要加倍努力地工作。

地方工作

(1956—1976)

→ 脱我战时袍

（26-33岁）

50年代初，新中国初建，百废待兴，迫切需要许许多多有知识懂技术的人才。对于郭俊卿这样的巾帼英雄，组织十分重视对她的培养，先后把她送到汉口第一野战军第一高级步校和中国人民大学学习。从小没怎么上过学的郭俊卿，贪婪地学习各种先进的知识和文化，没日没夜地阅读大量书籍。她说："组织给了我这么好的学习机会，我一定不辜负组织对我的期望。"

在学习期间，她还为自己向组织上隐瞒女性身份表示内疚，1951年8月29日，她在写给自己的入党介绍人李平的信中说："……另外，我有一件事情向你说明，这件事也可以说对不起你，什么呢？就是我入党的时候没有说我是女的。当时我知道，怕说我是女的在（再）不叫我入党，在（再）不能参加打仗。如那时要说是女的，当时也不能叫我做那个工作呀，所以自己一直没有说过，直至1950年才说了。因为有妇女病，不然还是不讲的。支书，请你批评我吧。"从这段话中，我们不难看出郭俊卿的坦诚和直率。

这世上，有的人无论做什么，都偷懒耍滑，投机取巧，而结果往往就一事无成；而有的人天生做什么事都求真务实，认真钻研，所以做什么事都脱颖而出，名列前茅。郭俊卿属于后者。她以优异的成绩获得了毕业证书，同时以优良的品德获得了全校师生的赞誉。

战争年代，最需要人也最锻炼人的是部队；和平年代，搞建设、谋发展，最需要人也最锻炼人的当然是地方甚至是基层。昔日功勋卓著的战斗英雄和平年代又投入到轰轰烈烈的革命建设工作之中去。1956年，从人民大学毕业的郭俊卿转业到地方工作。

"脱我战时袍，着我旧时裳。"郭俊卿脱下了戎装，刚开始在中央手工业管理局工作。她觉得自己对地方工作不是很熟悉，应该从最基层的工作做起，逐步学习。于是，她被调到山东省历城县手工业管理局工作。但她觉得在机关不如在工作第一线，于是，她又调到了青岛第一服装厂任厂长。

1962年2月，青岛的冬天还没过去，青岛第一服装厂迎来了一位特殊的厂长。

张洪奎是当时青岛第一服装厂二车间的车间主任，他是最先知道郭俊卿调到服装厂的几个人之一。"她来上任的前一天，局里把厂领导和主要中层召集起来开了个会"。张洪奎从来没有参加过这样"兴师动众"的会议，二轻局的领导把大家召集起来交代的事更让他觉得特别，"大家知道女英雄要来都很兴奋，但局领导很郑重，给我们提出要求务必配合好郭俊卿的工作"。张洪奎至今记得领导说的那几点要求，虽然当时他觉得这些强调显得有些多余，"务必协助好郭俊卿同志工作"、"只许你们待她好，不许你们待她坏"、"要保护好郭俊卿同志，千方百计支持她工作"。现在回想起来，张洪奎明白，这是当年组织对郭俊卿的关爱。她从部队上下来，并不熟悉工业生产，又是单身女性孤身一人来到一个陌生的城市。

等到张洪奎下班回家，女战斗英雄要来青岛的消息已经传遍了第一服装厂，职工家属、孩子们都在期盼着见到这位传奇人物。此后没多久，这个消息成了不少青岛人餐桌上的话题。

照例是欢迎会和见面礼。等到郭俊卿这个新官坐进了厂长办公室，把家安顿到湖北路，工人们才慢慢开始仔细打量这位新厂长。这个时候，33岁的郭俊卿已经有些中年发福，从她身上似乎再也看不出"女扮男装"的影子。但是，这个留着短头的女厂长说话、办事，无不显示出男人的豪迈和爽朗，透着军人的气质。

"她抽烟，也会喝白酒，脾气有些大。"当时与郭俊卿共事过的人回忆说。

由于出身军旅，即使到了地方，郭俊卿仍然不改耿直的脾气，在领导班子中说一不二，有时候意见不和，说着说着，郭俊卿的嗓门就大起来了。但郭俊卿却不是那种蛮横、不讲理的人，虽然有时会为了工作与人争得面红耳赤，但她却很尊重经验和真理，绝不固执己见。

与她火暴的脾气形成鲜明反差的是，她和工人、群众相处，非常尊重人，从来没有摆什么战斗英雄的架子。过年过节，她会把厂里的积极分子、单身青年叫到家中，一起包饺子、做饭。在厂里，虽然她并不懂制衣业务，但还是会经常到车间里走走，和工人一起踩缝纫机、接接线头、钉个扣子什么的。

时间长了，大家对于郭俊卿的脾气已经完全了解，"她是军人，说起东北话来嗓门大，这很正常。她脾气直恰恰说明她人很仗义"。

在单位，郭俊卿很少坐在厂长室里。她喜欢和工人在一起，和工人一起蹬缝纫机，一起在食堂吃饭，一起唱歌跳舞。郭俊卿聪明好学，她会拉二胡，唱京戏，《苏三起解》是她的精彩唱段。

在厂子里，人们没有把她当成是厂长敬而远之，而都把她当做贴心朋友相处。当然，郭俊卿依然被当做一个明星战士为大家喜爱。在青岛工作的两年里，她多次在厂内、厂外作报告，讲述她当年的战斗经历。"枪林弹雨，她和战友被敌军冲散，她是藏在马肚子下冲出包围圈的……"每一场报告都有人为郭俊卿的英勇无畏感动得五体投地，每一场报告都有人为郭俊卿的坚定顽强感动得涕泪俱下。

英雄离不开人民，人民也没有忘记英雄。1962年10月，建国十三周年，郭俊卿被请到北京参加国庆观礼，她再次登上天安门城楼观礼台。同样的激动，同样的欢欣。但是郭俊卿的心情与第一次是有不同的。第一次，她完全沉浸在幸福和喜悦之中，而这一次，她多了一份责任，也多了一份信心。从50年代后期开始，我国国民经济遭受到了巨大的困难，在党中央的坚强领导下，中国人民顶住了来自内部、外部和自然带来的压力，开始了中兴和新的发展。

→ 感激强其颜

★★★★★

（33 岁）

60 年代中期，文化大革命的火焰刚刚点燃，郭俊卿就首先受到了冲击，一些别有用心的人打着造反的幌子，把罪恶的双手伸向了共和国的英雄。在那个黑白颠倒的年代，像郭俊卿这样的巾帼英雄也没能幸免。铺天盖地的大字报贴满了厂区，造反派污蔑她是"假英雄"、"假花木兰"。他们把郭俊卿拉去批斗，掀掉她的帽子，揪住她的头发，用谩骂殴打侮辱着英雄的人格。

郭俊卿受难的消息传开后，组织上立即采取保护措施，将她调离了第一服装厂，派到山东西部的曹县任民政局副局长。她再次改叫"郭富"。这是组织上对她最大的关怀，在那个年代，实在是没有其他更好的办法来保护她这样的英雄。郭俊卿是幸运的，组织上果断采取的保护性措施，使她脱离了险境，得到了安全。现在可以想象，凭着郭俊卿耿直和率真的性格，如果不离开服装厂，她一定会遭受到更大的灾难。

曹县位于山东省西南部，地处鲁、豫两省八县交界。由于她改名郭富，在曹县很少有人知道她就是名声赫赫的巾帼英雄郭俊卿。郭俊卿到曹县民政局报到后，分工管优抚工作。在那个砸烂一切的时代，正常的工作秩序被打乱了，优抚政策很多得不到落实，有的复原退役军人生活十分困难。郭俊卿看在眼里，急在心中。面对一片混乱的局面，她陷入了极度的苦恼之中。她对眼前发生的一切百思而不得其解，但又无能为力。尽管郭俊卿到曹县的时间不长，但也要接受造反派的询问、调查甚至批斗，虽然遭受的冲击不大，但是也无法正常开展工作。无奈之下，她只能用自己的赤诚安慰和帮助有困难的战友。她常常从牙缝里省出点钱，5元、10元地接济需要的人，她还把自己穿的衣服脱下来送给需要温暖的老人。一位姓张的50岁开外的残废军人生活贫困，郭俊卿就经常把她让到家里，照顾吃喝，临走总是送上一点东西；一位三等残废军人生活困难，郭俊卿把家中衣服收罗几件给他带走……养女郭利华常常为找不到衣服问郭俊卿，郭俊卿总是很淡然地说："送人了。"

家人对她是又敬又恨，可群众对她却感激涕零。英雄就是英雄，昔日战场上杀敌立功，今日工作中勤政爱民。

⊙ 能如木兰节

★★★★★

（34-46岁）

郭俊卿是个"名人"，有许多战友和朋友都身居高位，有权有势，她自己也曾身居要职，但她从不利用"关系"谋取私利。这一点，接触她的人有目共睹，而家人对她却无可奈何。

养女郭利华经常发牢骚："咱不需要你以权谋私，但你看看咱家，你帮过的人条件都比咱们好。"

郭利华已经十七八岁了，还没有工作，连户口还没有报上。她要郭俊卿去找人，可郭俊卿说："咱们两个人，有我九十多元工资，够花的了。人家有困难，先照顾别人。"后来，郭俊卿去世后，和郭俊卿一起参加过英模大会的战斗英雄、后来担任南京军区副司令员的张明得知郭俊卿有遗孤在常州，向军区党委建议，将郭利华征召入伍。郭利华才披上戎装，成为一名军中白衣天使。

郭俊卿心中的偶像是周恩来。1976

△ 郭俊卿无比崇敬的周恩来总理

年1月8日上午9点57分，敬爱的周总理心脏停止了跳动。听到周恩来逝世的消息，郭俊卿痛哭失声。她买来一个花圈，花圈中央有一张周恩来神采奕奕的照片。郭俊卿把花圈献到县委的小礼堂中。有人训斥她："上级有规定，个人不能搞这一套！"郭俊卿不听，她把花圈端端正正放好，在敬爱的周总理的遗像前恭恭敬敬地三鞠躬。

郭俊卿一生清贫，转业时工资定为17级，直到离休一直没变，因为她大公无私，每次都将晋升的机会让给别人。在曹县时，她只住两间旧房，使用的是一只破皮箱。长期的奔波劳累，使她患有冠心病、胃病、脑震荡后遗症、植物神经失调、脑动脉硬化等疾病，但她都等闲视之，全身心地投入到学习和工作中。

情感之路

→ 问女何所思

★★★★★

　　郭俊卿有着一般人难以想象的经历。她曾是一个聪明贤惠的农家女子，她也是一个女扮男装在部队摸爬滚打了五年的战士。五年的部队生活使她的很多习惯男性化了，她有着男性的洒脱不羁，又有着女性的细心贤淑。一位顶天立地、叱咤风云的战斗英雄，爱情之路却走得很辛酸。

　　还是 1950 年 9 月参加全国战斗英雄代表大会的时候，情窦初开的郭俊卿喜欢上了一个人，他也是四野的战斗英雄，名叫赵兴元。

赵兴元是 1939 年 7 月参加革命的老兵，1940 年 6 月入党。他 14 岁参加革命，参加过抗日战争、解放战争，此时已经是解放军某部的副团长了。

汉口车站，掌声和鲜花把英雄们送上了北去的列车。车厢中，一位英气十足的小伙子正兴奋地望着郭俊卿。他就是第四野战军英模队队长赵兴元。他听说过郭俊卿的故事，这位 20 岁的女英雄和男同志一起赛跑、游泳、学骑自行车，还会抽烟，她骑车摔伤了脸，半边脸贴着纱布。她不愿和模范医生李兰丁在一起，喜欢和男同志说话，她的动作和个性已经男性化了。

9 月 25 日下午，刘少奇副主席、周恩来总理、朱德总司令在北京饭店门口迎候英雄们的到来。毛泽东主席在接见大厅和每一位英雄亲切握手。郭俊卿热血沸腾，她和赵兴元代表全体英雄模范向毛主席敬献花环，毛主席和他们握手致谢。

全国战斗英雄代表大会后，作为人民解放军的先进人物，郭俊卿和赵兴元参加了中国青年访苏代表团，一同去莫斯科等地参观考察。

△ 全国战斗英雄代表会议现场

　　其实，经过参加全国战斗英雄代表
大会和一起去苏联访问，郭俊卿对赵兴
元有了许多了解，他是著名的战斗英雄，
郭俊卿为他的英雄事迹所感动：

　　打四平时，赵兴元大腿动脉被打
穿，鲜血溅出两三米远，差点"光荣"；

打锦州时，赵兴元率领的近八百人的加强营打得只剩下二十二人，他率领最后五个还能动的战士冲上敌人的阵地，俘虏二百多敌人；打海南时，还是赵兴元的一个营，歼灭国民党军前进指挥所和一个炮兵团。勇敢是赵兴元的第一条作战原则，从东北打到了海南岛，他一生九次负伤，可谓身经百战。辽沈战役打锦州城时，任某部一营营长的赵兴元率队参加攻打最艰巨的配水池，这里是锦州城北的制高点，距城墙一公里左右，本是锦州城市供水池，国民党守军放干了池水，在此修建了永久防御阵地。夺取配水池，也成为控制锦州城北之关键。敌人有一个加强营守卫配水池，前面布置了五道铁丝网，地堡有一米多厚，用钢轨加水泥做成的，火炮打上去，就是一个白色的点。战斗开始后，担任突击连的官兵，刚准备从壕沟爬上来，敌守军就引爆了炸弹，全连只有一个指导员活着回来。经过一次次的进攻和艰难突破，赵兴元率一营终于占领了距离配水池阵地不到一百米的六间红房子。赵兴元说："我们营从来没有打过败仗，哪怕就是剩下一人一枪，也一定要让敌人有来无回。"敌人在一天的时间内，连续组织了二十七次反扑。一营伤亡很大，赵兴元命令三连把所有伤员的武器弹药全部收集起来，负责供给一线部队。"前面打掉一个，你们就负责补充一个。"赵兴元命令三连连长。团长看到一营的情况，通知赵兴元撤下来，但遭到了赵兴元的坚决拒绝。"我们营在壕沟里还倒下了几十人，有牺牲的，有受伤的，我怎么舍得丢掉他们。"赵兴元向团长请求："你支援我一些手榴弹吧，我一定能打下来。"团长派出一个连，专门给赵兴元运送手榴弹。经过一天的激战，赵兴元和五名战士冲上了配水池阵地。一营仅剩的六个人，俘虏了敌守军一百五十多人。

郭俊卿对同在第四野战军的副团长赵兴元从心里敬佩，这是英雄对英雄的爱慕，她喜欢和赵兴元亲近。他对这位个子不高、比自己大五岁的"全面功臣"、"永不褪色的光辉战旗"有种说不出的感觉。更使郭俊卿钦佩的是，赵兴元不仅勇敢，还很善良，他像大哥哥似的关心她、教育她。女英雄悄悄地爱上了兄长般和蔼的赵兴元。

曾获过"模范政治工作干部"称号的赵兴元并非木石之人。晚上，郭俊卿老是来找他，单独在一起时，她显出少女本能的柔情。她喜欢靠在赵兴元身旁，喜欢和赵兴元说笑。公开场合，郭俊卿不大爱讲话，光爱抽烟。

"找个好妻子，不是郭俊卿。要个好战友，就找郭俊卿。"好些人这样说。

一天晚上，郭俊卿又来找赵兴元："人家说咱们俩要结婚了？"

"我不知道。"赵兴元说，"咱们两人太突出了，不合适。"

郭俊卿想和赵兴元换手表，她抢下赵兴元的手表半开玩笑却又十分认真地说："留个纪念品。"

赵兴元知道这个纪念品的含义，他不是舍不得这块瑞士表，他担心郭俊卿拿了这块表会产生不切实际的想法，所以他一再恳求："小郭，我要到朝鲜去了，我是指挥员，我要掌握时间，你把表还给我。"

郭俊卿不给，赵兴元还是向她要。

"给!"郭俊卿把表往地上一摔。

瑞士表不走了,郭俊卿哭了……

➡ 惟闻女叹息

★★★★★

从莫斯科回到北京,郭俊卿请假回家乡看望母亲和弟弟。

妈妈欣喜地看着一身戎装的女儿,笑得合不拢嘴。几年不见,还了女人打扮的郭俊卿除了多了几分柔气之外,仍具有军人的英武和洒脱。女儿回到母亲身边,当妈的高兴之余,最挂念的还是女儿的终身大事。她试探地询问女儿的情感状况。为了不使母亲操心，郭俊卿没有向她诉说自己的苦衷。

可是，夜深人静的时候，20岁的少女为理不清的情丝而烦恼，她渴望爱情。她倾心爱慕的人却拒绝了她的爱，这是为什么呢？

更使她伤心的是，男人们当面赞誉她是好同志、好战友，可又不喜欢她泼辣的性格和豪爽的脾气。她想不通，好同志、好战友为什么不是好妻子、好女人？

"我既然做不了一个好女人，那我就继续做男人！"

她曾经做过五年的男人。她有男人的勇敢、男人的豪爽、男人的粗犷、男人的喜好，与其重新学做一个温柔的女人，还不如继续她女扮男装的生活来得自然和容易。

因为严重的妇科病，她被切除了子宫，丧失了一个女人应有的生育能力，也给她的感情世界带来了严重的影响。

决定做出，她果断地找到医生，要求医生把她变作一个男人。

这样一来造成了混乱。这个草率的决定给组织出了难题，也加深了她情感世界的悲剧性。

几经周折，她以男性的身份和形象踏入社会，并改名"李民"。没有人知道她是郭俊卿，也没有人知道她是赫赫有名的巾帼英雄。

→ 欲闻所戚戚

☆☆☆☆☆

其实，有一个人深爱着郭俊卿。他和她共过生死患难，那是战火锤炼的深情。他是郭俊卿的老排长。

这位矿工出身的老八路是看着郭俊卿成长的，他们在一条战壕里并肩战斗，又在一个教室里共上速成中学。老排长主动向郭俊卿表白他的爱情，可郭俊卿拒绝了。

她有难言的苦衷：既然已经无法成为一个好妻子，为什么要去拖累一位好同志呢？

老排长说出了肺腑之言："小郭，不能生育不要紧，多少好战友在战场上牺牲了，他们连五星红旗也没有看上一眼。我是爱你的人，没有孩子可以去领养一个。"

郭俊卿思前想后，果断地斩断了这温馨而恼人的情丝。老排长还给她写了好多信，她一封都不回。

直到 70 年代初期，老排长到处寻找，终于在山东找到了已经改名的郭俊卿。他约她一起散步，她说去上一趟厕所，可一去几个小时不回来。她躲着他。她不能连累他。

从此以后，郭俊卿关闭了自己的情感之门，做不了好妻子，就不能连累任何人。但是，作为女人，我一定做一个好母亲。

郭俊卿没有婚姻，却有一个孩子。她虽然失去了生育能力，可她仍是一个女性，她爱孩子，这是她的天性。

郭俊卿去上海看病时，特意从福利院领养了一个孩子。那天，天下着大雪，她把孩子抱在怀里，心中不知道有多高兴。她望着怀抱中可爱的女儿，充满了母亲的喜悦。她把这个孩子视作己出，捧为掌上明珠。她精心地伺候抚养着这个孩子，逗孩子笑，教孩子说话。当这个孩子张开小嘴喊她妈妈时，郭俊卿眼中流出了幸福的泪水。

郭俊卿给孩子起名叫"利华"，希望孩子做一个有利于国家、有利于人民、有利于中华民族的人。

伟业长存

(1981—1983)

⊖ 千古名焉灭

★★★★★

（51—53 岁）

　　1981 年 4 月，郭俊卿离休了。离休前，她给上级有关部门打了报告，要求将名字由"郭富"改为"郭俊卿"，并恢复她本来的女性身份。上级批准了她的请求。"现代花木兰"郭俊卿公开了她的传奇人生。

　　人生苦短，伟业长存。1983 年 9 月 23 日凌晨，中国唯一的女特等战斗英雄郭俊卿因脑溢血不幸在常州病逝。她平静地离开了她为之奋斗的和平岁月。

她离开我们时才 53 岁。

她铁骨铮铮，忠心耿耿，一只旧皮箱、一床旧被、一条毛毯是她最贵重的遗物。她身上只有 80 元钱。

郭俊卿是那种在世时就名声大噪的英雄，她的事迹名扬四海，争相传诵。学校课本中有她的战绩作为教育后人的教材；小人书、连环画中有她的英姿；周洁文、夏维福合著的《老英雄郐顺义》，全国战斗英雄、南京军区副司令员张明著的《钢枪铁笔录》中都有她的身影；陆柱国的著名小说《踏平东海万顷浪》和由小说改编的优秀影片《战火中的青春》的主人公高山的原型就是郭俊卿。

一位如此伟大的英雄如今却以普通一兵的身份静静地躺在常州市烈士陵园老干部骨灰停放处的一角。

二十多家报纸、电台发出讣告，怀念这位人民的女英雄。人民不会忘记这位为新中国的建立和发展作出突出贡献的英雄：《中国人民解放军英雄模范名录》中有她的名字；辽沈战役纪念馆中有她的照片；81323 部队的荣誉馆内有她的英姿。1993 年 7 月 4 日，《人民日报》发表了郝建秀、赵兴元、张明等人在郭俊卿逝世十周年

△ 常州革命烈士纪念馆

之际写下的悼念文章，称她的人生是忠
诚、无畏、坎坷和清贫的。

　　"现代花木兰"安卧在苍翠的常州
市烈士陵园中，鲜花和芳草拥抱着她，
她是大地的女儿……

后 记

给后代留下什么

在常州市烈士陵园老干部骨灰停放处的一角，鲜花和芳草拥抱着一位为新中国奠基冲锋陷阵饮誉中外的巾帼英雄。

她是英雄，却从不以英雄自居，只是默默地完成着入党时的誓言："……为人民服务到底。"

她是女性，却和男人一样冲锋陷阵，英勇杀敌，甚至比普通的七尺男儿更勇敢，更坚强，更敢打敢拼，更无畏顽强。

她的名字，朴实无华，她的事迹，感人至深……

曾被写进小说、画进连环画、搬到银幕上的英雄，如今静静地躺在那里，淡定安详。

光阴荏苒。英雄虽然已经远去，但她那张慈祥温和的笑脸一次次地浮现在人们眼前。

　　"中华儿女多奇志，不爱红妆爱武装。"这是郭俊卿生前所在部队官兵观看了以她的事迹为原型改编的电影《战火中的青春》之后的最大感悟。一位战士在看过郭俊卿事迹之后写下这样一段话："一个女性为了党和人民的事业，肯献出宝贵的青春。她的坚强勇敢告诉我，今后应该以什么样的精神来干工作，以什么样的状态来干事业。"

　　在沈阳军区某炮兵旅营院荣誉室的展柜里，存放着郭俊卿留下的手稿——《给后代留下什么》。其中有这样一段话："我们应该给后代留下什么? 要留下正气。如果没有正气，就会把咱们打下的江山、创下的美好光景一脚踢光……"

　　是啊! 英雄虽然离开了我们，但她的精神却永存天地间。她以她女扮男装、英勇杀敌的英雄事迹在当代描绘了一幅可歌可泣的壮丽画卷，她以她勇敢正直、坚定刚强的高尚情操给后世留下了一曲激昂向上的正气之歌。